절세가 보이는
5가지 숫자

절세가 보이는
5가지 숫자

초판 1쇄 발행 2024년 4월 25일

지은이   최용규
발행인   곽철식

디자인   박영정
마케팅   박미애
펴낸곳   다온북스
인쇄   영신사

출판등록 2011년 8월 18일 제311-2011-44호
주소 서울시 마포구 토정로 222, 한국출판콘텐츠센터 313호
전화 02-332-4972   팩스 02-332-4872
전자우편 daonb@naver.com

ISBN 979-11-93035-44-3(13320)

- 다온북스는 독자 여러분의 아이디어와 원고 투고를 기다리고 있습니다.
  책으로 만들고자 하는 기획이나 원고가 있다면, 언제든 다온북스의 문을 두드려 주세요.

절세가 보이는
5가지 숫자

최용규(택스코디) 지음

다온북스
DAON BOOKS

5가지 숫자에 주목하자.

　세금에 대해 고민과 질문은 많지만, 대부분 사장님은 그냥 세무사사무실에서 내라는 고지서대로 세금을 내고 더는 생각하려 하지 않습니다. 왜 그럴까요. 이해하기 어려워 보이는 세금 구조가 문제이기도 하고, 궁금한 내용을 세무사에게 물어보기라도 하면 시큰둥한 답변만 들어 온 이유일 수도 있습니다. 매출 걱정만으로도 머리가 복잡하니 세금 문제는 모두 잊고 싶습니다. 하지만 사장님도 세금에 대한 이해가 있어야 합니다. 스스로 알고 챙겨야 세금을 줄일 수 있기 때문입니다. 현실적으로 세무사사무실이 모든 것을 챙겨줄 수는 없습니다. 사업주가 먼저 챙기고, 이를 세무사사무실에 반영해 달라고 현명하게 요청할 수 있어야 합니다. 그래서 다음 5가지 숫자에 더 주목해야 합니다.

5	34	1억 400	1억 5,000	7억 5,000

　첫 번째 숫자 '5', 이 숫자는 상시근로자 수를 말합니다. 사업을 확장하면 할수록 직원 수는 자연스럽게 늘어납니다. 상시근로자

수가 5인 이상 사업장이 되면 연장, 야간, 휴일 근무 시, 기존 근무 시간에 50%의 가산수당을 추가로 지급해야 합니다. 더불어 연차 휴가도 부여받아 대부분의 근로기준법에 적용을 받게 됩니다. 상시근로자 수가 4인 사업장에서 직원 1명을 더 고용하면 상시근로자 수가 5인 사업장이 됩니다. 이럴 때는 보다 신중하게 결정해야 합니다. 단순히 추가되는 직원의 급여와 그로 인한 4대보험료 증가 정도만 생각하고 직원을 충원하면 안 됩니다. 자세한 내용은 본문에서 다시 말하겠습니다.

두 번째 숫자 '34', 이 숫자는 나이를 말합니다. 세법에서는 만 34세까지 청년이라고 하고, 청년에게는 세제 혜택을 줍니다. 현재 사업하고 있는 청년, 특히 창업을 준비하는 청년이라면 꼭 알아야 할 세금 정보가 바로 '청년창업 세액감면 제도'입니다. 더 많은 청년이 창업할 수 있도록 창업 촉진과 독려를 하기 위한 제도입니다. 그런데 해당 여부나 내용을 잘 알지 못해 혜택을 받지 못하는 경우들이 많습니다. 이 내용을 두 번째 장에서는 구체적으로 다룹니다.

세 번째 숫자 '1억 400', 이 숫자는 과세유형을 결정하는 기준금액입니다. 보통 간이과세사업자라고 하면 부가가치세를 전혀 내지 않는 것으로 알고 있는 사장님이 많습니다. 그렇지는 않습니다. 일반과세사업자가 10%의 부가가치세를 내는 것에 반해 간이과세사업자는 업종별로 약간의 부가가치세를 냅니다. 그마저도 연 매출 4,800만 원 이하는 부가가 치세를 전혀 내지 않아도 됩니다. 그러나 연 매출 1억 400만 원을 초과 하면 일반과세사업자로 자동 전환되어 더는 부가가치세 특혜를 받을 수 없게 됩니다. 더 자세한 내용은 세 번째 장에서 말하겠습니다.

네 번째 숫자 '1억 5,000', 이 숫자는 장부 유형을 결정하는 기준금액 입니다. 개인사업자는 규모에 따라 장부작성 의무유형이 다릅니다. 수입 금액 기준은 업종별로 차이가 있습니다. 예컨대 식당을 운영하는 사장 님이라면 1억 5,000만 원, 미용실을 운영하는 사장님이라면 7,500만 원 입니다. 이 금액을 초과하면 복식부기 방식으로 장부기장을 해야 경비 처리가 가능하고, 사업용 계좌를 의무로 써야 하는 복식부기의무자가 됩니다. 참고로 신규로 사업을 개시한 사업자는 간편장부대상자입니다.

다섯 번째 숫자 '7억 5,000', 이 숫자는 성실신고대상 사업자를 판단하 는 기준금액입니다. 이 역시 수입금액 기준은 업종별로 차이가 있습니 다. 성실신고확인대상자가 되면 종합소득세 신고서가 성실하게 작성됐 는지 세무대리인에게 한 번 더 확인을 받아야 합니다. 종합소득세 신고 서뿐 아니라 성실신고확인서도 제출해야 합니다. 이때 확인하는 세무대 리인에게 추가로 확인비용을 지출해야 합니다. 만약 성실신고확인대상 사업자가 성실신고확인을 받지 않고 일반 사업자처럼 종합소득세 신고 서만 내면 성실신고확인서 미제출 가산세를 내야 합니다.

이 책은 실무적으로 발생할 수 있는 세금 문제를 세알못 씨와 택스코디가 주고받는 대화를 통해 해결하는 방식으로 구성해 기본지식뿐만 아니라 자연스럽게 절세방법을 알아갈 수 있도록 작성했습니다. 막연히 창업을 꿈꾸는 예비사장님, 이제 막 사업을 시작한 초보 사장님이라도 이해가 되도록 전문적인 용어들을 따로 다시 쉽게 설명하고, 그냥 읽기만 해도 복잡한 세금에 대한 큰 그림이 그려지도록 설명했습니다.

누구나 처음엔 서툴기만 합니다. 이 책을 통해 자신 있게 세금신고를 하고, 당면한 세금 문제를 현명하게 대처할 거라 자신합니다. 사장님의 건투를 빕니다.

차례

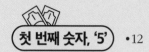

첫 번째 숫자, '5' •12

상시근로자란? / 상시근로자 수, 몇 명일까? / 상시근로자 수가 5인 이상이 되면, 늘어나는 가산수당은? / 상시근로자 수 5인 미만 사업장에도 적용되는 근로기준 법은?

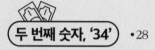

두 번째 숫자, '34' •28

청년창업 소득세 감면이란? / 창업지역만 잘 골라도 세금 내지 않는다. / 창업중소 기업 소득세 감면 신청방법은?

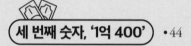

세 번째 숫자, '1억 400' •44

꽃은 면세? 꽃집은 면세사업자? / 일반과세자와 간이과세자, 어떻게 다른가? / 간 이과세, 무조건 선택할 수 있는 건 아니다. / 1억 400만 원이 넘어가면 어떻게 되 나? / 일반과세자로 전환되었다면, 제고매입세액공제 받자.

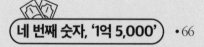

네 번째 숫자, '1억 5,000' •66

사업장 규모에 따라 장부 유형이 달라진다. / 적자가 발생했다면, 꼭 장부를 적자. / 장부를 쓰지 않아도 소득세 신고가 가능한 사업자도 있다. / 간편장부대상자가 복 식부기로 신고하면 세금이 절약된다. / 복식부기의무자로 바뀌었다면, 이렇게 대 처하자.

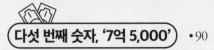

다섯 번째 숫자, '7억 5,000' •90

식당 7억+임대 1억 매출이면 '성실신고확인' 대상이다. / 성실신고확인제도 어디까지 검증할까? / 성실신고대상자만 받을 수 있는 혜택이 있다. / 법인전환은 성실신고대상자가 되기 전에 하자.

권말부록, 알쏭달쏭 알아두면 돈이 되는 세금 상식 20가지 •109

다른 사람 이름으로 사업자등록을 해도 되나? / 매출도 없는데, 사업자등록을 해야 하나? / 샵인샵 세금, 이것이 궁금하다. / 업종코드가 중요한 이유는? / 업종 추가할 때, 이것 꼭 알아두자. / 개인사업자로 시작할까? 법인사업자로 할까? / 증빙을 잘 챙기는 습관을 만들자. / 이것, 모르면 부가세 폭탄 맞는다. / 면세 물품에 대해서도 매입세액공제를 받을 수가 있다. / 팁을 받으면 탈세라고? / 신용카드매출세액공제로 인해 환급받는 금액이 나온다면? / 부가세 환급, 남들보다 빨리 받는 방법이 있다. / 부가세 납부가 힘들면, 납부기한 연장을 신청하자. / 부가가치세 더 많이 냈다면? / 종합소득세 줄이려면, 소득공제를 알아야 한다. / 노란우산공제를 활용하자. / 종합소득세 줄이려면, 세액공제를 알아야 한다. / 공동명의, 소득세를 줄일 수 있다. / 폐업신고를 하지 않으면? / 월별 사업자 세금납부 일정은 꼭 알아두자

첫 번째 숫자

'5'

꼭 기억해야 할 두 번째 숫자 '5'는 바로 직원 수입니다. 정확히 말하면 '상시근로자 수'입니다. 상시근로자가 5인 미만인지, 이상인지에 따라 연차유급휴가, 연장·야간·휴일근로수당 등 법 적용 여부가 달라지므로 상시근로자 수 판단은 매우 중요합니다.

상시근로자 수가 4인 사업장에서 직원 1명을 추가하면 상시근로자 수가 5인 사업장이 됩니다. 이럴 때는 보다 신중하게 결정해야 합니다. 단순히 추가되는 직원의 급여와 그로 인한 4대보험료 증가 정도만 생각하고 직원을 충원하면 안 됩니다.

상시근로자 수 판단 시 늘 고정적인 근로자가 일한다면 그 근로자 수가 상시근로자 수에 해당하지만, 평일과 토요일 근로자 수가 자주 변동할 땐 상시근로자 수를 어떻게 계산해야 하는지 헷갈릴 수가 있으니 주의해야 합니다.

상시근로자란?

    상시근로자란 사업주가 직접 고용한 근로자를 말합니다. 즉, 상시근로자 수 산정에 들어가는 근로자는 당해 사업장에서 일하는 모든 근로자를 말합니다. 고용형태나 고용보험 가입 여부와 상관없이 사업주의 친족, 일용직, 계약직, 파트타임 아르바이트 등을 모두 포함합니다. 산정기간 중에 출산휴가, 육아휴직, 병가 등으로 출근하지 않는 근로자라고 하더라도 사업주와 근로관계를 맺고 있는 근로자라면 모두 상시근로자에 포함됩니다.

세알못 – 그럼 상시근로자 산정 시 제외되는 경우는요?

택스코디 – 다음과 같습니다.

- 파견근로자, 도급근로자, 용역근로자

- 동거하는 친족의 범위에 해당하는 인원 (동거하는 친족으로 구성된 사업장에서는 해당 친족들은 상시근로자 수 산정에 포함되지 않습니다. 다만, 일반 근로자를 단 1명이라도 고용하고 있는 사업장은 친족도 상시근로자 수 산정에 포함됩니다.)
- 대표이사 등과 같은 등기임원 (상법상 등기절차를 마친 등기임원의 경우 근로기준법상 근로자에 해당하지 않으므로, 상시근로자 수 산정에 포함되지 않습니다.)

참고로 상시근로자 수 계산을 할 때는 일반적으로 '법 적용 사유 발생일' 1개월 전을 기준으로 합니다. 다시 말해 상시근로자 수를 판단해야 하는 사유가 발생한 날로부터 이전 1개월을 기준으로 계산합니다.

예를 들어 연장근로가 발생해 연장근로수당을 지급해야 할 일이 생긴다면, 연장 근로한 날을 기준으로 한 달 전 상시근로자 수를 계산하면 됩니다. 연차유급휴가의 경우는 달라질 수 있습니다. 다음 표를 참고합시다.

1년 미만 근로자	발생일 전 1개월 상시근로자 수
1년 이상 근로자	발생일 전 1년간 상시근로자 수

상시근로자 수에 따라 노동법 적용 여부가 달라지므로, 몇 명인지 계산하는 것이 중요합니다. 상시근로자 수는 다음 공식에서 알

수 있듯이 매장에서 일하는 하루 평균 근로자 수입니다.

- 상시근로자 수 = 산정기간 동안 사용한 연인원 수 / 산정기간 중 사업장 가동일 수

- 연인원: 일수를 인수로 환산한 총인원 수

일별 근로자 수로 어떤 일을 10일 동안 5명이 끝냈다면 연인원은 50명입니다. 현재 고용노동부는 연인원을 일정 사업 기간 내의 고용근로자, 다시 말해 고용 관계가 유지되고 있는 인원수라고 해석합니다. 따라서 특정일에 실제 근로를 제공하지 않아도 고용 관계가 유지되면 연인원에 포함될 수 있습니다. 실무적으로 상용직 근로자는 주휴일에 근로하지 않아도 고용 관계가 유지되므로 상시근로자 수를 산정할 때 연인원에 포함합니다. 반면 일용직 근로자는 실제 근로를 제공하지 않은 날은 연인원 계산 시 근로자 수에서 제외됩니다.

- 가동일: 사업장이 영업한 날
  휴업일, 정기휴일 등으로 사업장이 문 닫은 날을 제외한 날입니다. 따라서 한 명의 근로자라도 출근했다면 가동일에 포함됩니다.

상시근로자 수, 몇 명일까?

세알못 – 주중에는 3명, 토·일요일에는 4명의 직원이 일하는 식당입니다.

매주 화요일은 휴무입니다. 1월 상시근로자 수는 몇 명인가요?

1월						
토	일	월	화	수	목	금
		1	2	3	4	5
		3명	휴무	3명	3명	3명
6	7	8	9	10	11	12
4명	4명	3명	휴무	3명	3명	3명
13	14	15	16	17	18	19
4명	4명	3명	휴무	3명	3명	3명
20	21	22	23	24	25	26
4명	4명	3명	휴무	3명	3명	3명
27	28	29	30	31		
4명	4명	3명	휴무	3명		

택스코디 - 다음과 같이 계산합니다.

기간	토·일요일 (8일)	월·수·목· 금요일 (18일)	화요일 (5일)	가동일 수 26일
근로 제공	4명	3명	휴무	
연인원	8일 × 4명	18일 × 3명	5일 × 0명	연인원 86명

- 상시근로자 수 = 연인원 / 가동일 수 = 86명 / 26일 = 3.3명

세알못 씨 사업장의 1월 상시근로자 수는 3.3명입니다.

세알못 - 8월 한 달 동안 다음 표와 같이 근로자를 고용했다면, 상시근로자 수는 몇 명인가요? 5인 이상 사업장인가요?

8월 1일~10일: 정규직과 아르바이트 총 8명
8월 11일~28일: 정규직 4명
8월 29일~31일: 여름휴가

택스코디 - 다음과 같이 계산합니다.

기간	8월 1일~10일 (10일)	8월 11일~28일 (18일)	8월 29일~31일 (3일)	가동일수 28일
근로 제공	정규직과 아르바이트 총 8명	정규직 4명	여름휴가	
연인원	10일 × 8명	18일 × 4명	3일 × 0명	연인원 152명

- 상시근로자 수 = 연인원 수 / 가동일 수 = 152명 / 28일 = 5.43명

위와 같이 5.43명 같이 애매한 소수점이 나오게 되면, 영업일(가동일 수) 중 5인 이상 근무한 날이 며칠인지 확인해야 합니다. 전체 영업일 중 5인 이상 근무한 날이 반을 넘으면 상시근로자 수 5인 이상 사업자입니다.

세알못 씨의 경우에는 5명 이상 근무한 날이 10일로 전체 영업일 수의 절반을 넘지 못합니다. 따라서 상시근로자 5인 미만 사업장으로 분류됩니다.

이와 반대로 상시근로자 수 계산 시 5인 미만이 나오더라도 5인 이상 근무한 날이 절반을 넘는다면 5인 이상 사업장으로 분류될 수 있습니다.

상시근로자 수가 5인 이상이 되면, 늘어나는 가산수당은?

상시근로자 수가 5인 이상 사업장이 되면 연장, 야간, 휴일 근무시, 기존 근무 시간에 50%의 가산수당을 추가로 지급해야 합니다. 더불어 연차 휴가도 부여받아 대부분의 근로기준법 적용을 받습니다.

상시근로자 수가 4인 사업장에서 직원 1명을 추가하면 상시근로자 수가 5인 사업장이 됩니다. 이럴 때는 보다 신중하게 결정해야 합니다. 단순히 추가되는 직원의 급여와 그로 인한 4대보험료의 증가 정도만 생각하고 직원을 충원하면 안 됩니다.

세알못 - 상시근로자 수 4인 사업장입니다. 직원 한 명을 더 고용해 상시근로자 수 5인 사업장이 되면 늘어나는 인건비는 얼마나 될까요? 근로계약서 상 근무조건은 다음과 같습니다. (시급 - 만 원, 일일 근로시간 - 09:00~20:00, 휴게 시간 - 12:00~01:00, 월~금 주5일 근무)

택스코디 – 먼저 초과 근무 시간부터 계산해 봅시다.

- 일일 근로시간 = 11시간 (총근로시간 09:00~20:00) – 1시간 (휴게 시간 12:00~01:00) = 10시간
- 일일 초과근로시간 = 10시간 (일일 근로시간) – 8시간 (법정 근로시간) = 2시간
- 1주 초과근로시간 = 2시간 (일일 초과근로시간) × 주5일 = 10시간
- 한 달 초과근로시간 = 10시간 (1주 초과근로시간) × 4.34주 = 약 44시간

이제 연장 근무 시 지급되는 가산수당을 계산해 봅시다.

상시근로자 수가 5인 미만 사업장	44시간 × 1만 원 = 44만 원
상시근로자 수가 5인 이상 사업장	44시간 × 1만 원 × 1.5배 (가산수당 50% 할증) = 66만 원

상시근로자 수가 5인 이상의 사업장이 되어 44시간의 연장 근무를 하게 되면, 직원 1명당 22만 원의 가산수당을 더 지급해야 합니다. 따라서 기존 4인 기준으로 보았을 경우 회사는 88만 원의 급여를 더 지급해야 합니다.

이처럼 상시근로자 5인 미만과 5인 이상의 차이는 생각보다 큽

니다. 그러므로 소규모 사업장에서는 상시근로자 수에 신경을 써야 합니다.

세알못 - 화장품 도매업을 하고 있습니다. 연말 시즌을 맞아 7명 직원 모두 전체 휴일인 토요일 오전 10시부터 오후 6시 (식사 시간 1시간, 시급 10,000원)까지 근무하기로 전 직원들의 동의를 얻어 결정했습니다. 이날 휴일근무수당은 얼마인가요?

택스코디 - 토요일을 휴일로 정하고 있으므로 토요일 근무는 휴일 근무에 해당합니다.

총 근무 시간은 식사 시간(1시간)을 제외한 7시간입니다. 상시근로자 5인 이상 사업장이므로 휴일 근무에 대한 가산수당을 다음과 같이 지급해야 합니다.

- 근로기준법 제50조 (연장, 야간 및 휴일근로)

휴일근로에 대하여는 다음 각호의 기준에 따른 금액 이상을 가산하여 근로자에게 지급하여야 한다.	
8시간 이내의 휴일근로	통상임금의 50 / 100
8시간을 초과한 휴일근로	통상임금의 100 / 100

위의 규정에 따라 휴일 근무와 연장 근무가 중복되더라도 8시

간 이내의 휴일 근무에 대해서는 50%만 가산수당을 지급하면 됩니다. 그러나 휴일 근무가 8시간을 초과할 때는 초과한 시간만큼은 100%의 가산수당을 지급해야 합니다. 따라서 세알못 씨 업체의 휴일근무수당은 아래와 같습니다.

- 휴일근무수당 = 7시간 × 10,000원 × 150% = 105,000원

상시근로자 수 5인 미만 사업장에도
적용되는 근로기준법은?

5인 미만 사업장에는 일부 근로기준법이 적용되지 않습니다. 대표적으로 연장근로 시간의 제한이나, 주 52시간 제도가 적용되지 않으며, 연장·야간·휴일 근로 등에 따른 가산수당도 지급할 의무가 없습니다. 또한, 5인 미만 사업장은 1년에 15일의 연차 유급휴가를 부여할 의무가없고, 이에 따른 연차 미사용 수당도 지급할 의무가 없습니다. 다음 표를 참고합시다.

적용배제 내용	적용되지 않는 결과
해고 동의 제한	특별한 제한 없이 임의로 근로자를 징계하거나 해고할 수 있다. (단, 출산휴가 기간 및 그 후 30일, 산재 요양 기간 및 그 후 30일 동안은 어떠한 이유로도 해고가 금지된다.)
연차, 생리 휴가	연차, 생리 휴가를 부여할 법적 의무가 없다.
근로시간의 제한	1일 8시간, 1주 40시간의 법정 근로 시간제가 적용되지 않으며, 연장근로에 대한 제한도 없다.

연장, 야간, 휴일근로에 따른 할증임금	연장, 야간, 휴일근로에 대해서 할증임금(50%)을 지급할 의무가 없다.
휴업수당	사용자 측 사정으로 일하지 못했던 기간에 대해서 평균 임금의 70%의 휴업수당을 지급할 의무가 없다.

이처럼 상시근로자 수를 기준으로 근로기준법 적용 조항이 달라지므로, 상시근로자에 대한 개념을 정확히 이해해야 합니다.

세알못 – 그럼 상시근로자 수와 상관없이 무조건 지켜야 하는 근로기준법은 무엇인가요?

택스코디 – 다음 조항들은 상시근로자 수와 무관하게 모든 사업장이 지켜야 합니다.

- 근로계약서 작성 의무: 근로계약서는 직원의 첫 출근일에 작성하는 것이 좋습니다. 직원이 출근하고 며칠 안에 그만두는 경우도 빈번해서 일정 기간 근로계약서 작성을 미루는 사업주들이 많습니다. 직원이 그만두지 않고 계속 근무한다면 문제가 없을 수도 있지만, 며칠 안에 그만두는 경우 해당 직원과 분쟁이 발생했을 때, 근로계약서 미작성으로 사업주가 처벌을 받을 수 있습니다.

- 최저임금 준수: 국가가 임금의 최저수준을 정하고, 사업주가 정한 수준 이상의 임금을 근로자에게 지급하도록 강제하는 임금을 최저임금이라고 합니다. 직원을 1명이라도 채용하고 있는 사업장은 반드시 지켜야 합니다.

- 퇴직금 지급: 사용자가 계속근로기간 1년에 대해 30일분 이상의 평균임금을 퇴직하는 근로자에게 지급하는 금액을 퇴직금이라 합니다. 형식적으로 일용 근로계약을 체결하였으나 계속 반복하여 고용해온 일용직 근로자 또는 단기간 근로계약을 계속 반복적으로 갱신 또는 연장하는 때에도 전체 근무연수가 1년 이상이면 퇴직금을 지급해야 합니다.

- 주휴수당: 근로기준법 제55조(휴일)에는 사용자는 1주일 동안 소정의 근로일수를 개근한 근로자에게 1주일에 평균 1회 이상의 유급휴일을 주어야 한다고 규정하고 있습니다. 이 유급휴일에 받는 것을 주휴수당이라고 합니다.

- 4대보험 가입: 직원을 단 한 명만 고용해도 반드시 4대보험에 가입을 해야 합니다. 4대보험 적용 제외 대상은 다음 표와 같습니다.

구분	국민연금	건강보험	고용보험	산재보험
나이	만 18세 미만 만 60세 이상	제한 없음	만 65세 이후 신규취업자	제한 없음
초단시간 근로자 (주 15시간 미만, 월 60시간 미만)	적용 제외	적용 제외	적용 제외	적용
일용직 근로자 (1개월 미만)	적용 제외	적용 제외	적용	적용

- 30일 전에 해고 예고: 정당한 이유 없이도 해고할 수는 있지만, 해고 30일 전에 예고해야 하거나 예고하지 않고 즉시 해고하려면 30일분의 통상임금을 지급해야 합니다.

- 출산휴가 및 육아휴직: 임신한 여성 근로자에 대해서 총 90일의 출산휴가를 줘야 합니다. 90일 중 60일은 회사에서 통상임금을 지급해야 합니다. 출산휴가 기간과 그 후 30일 동안은 절대로 해고할 수 없습니다.
또 근로자는 자녀가 만 6세 이하로 초등학교 취학 전이면 1년 이내의 육아휴직을 부여받을 수 있습니다.

- 휴게 시간 규정: 근로시간이 1일 8시간 이상이면, 1시간 휴게 시간을 근로시간 도중에 줘야 합니다.

두 번째 숫자

'34'

꼭 기억해야 할 두 번째 숫자 '34'는 바로 나이입니다. 우리나라에서는 법률상 만 19세 이상부터 만 34세 이하를 청년으로 칭합니다. 왜 34살이 중요하냐면, 바로 '청년'에게는 국가로부터 세제 지원을 비롯한 다양한 혜택들이 주어지기 때문입니다.

현재 사업하고 있는 청년, 특히 창업을 준비하는 청년이라면 꼭 알아야 할 세금 정보가 바로 '청년창업 세액감면 제도'입니다. 더 많은 청년이 창업할 수 있도록 창업 촉진과 독려를 하기 위한 제도입니다. 그런데 해당 여부나 내용을 잘 알지 못해 혜택을 받지 못하는 경우들이 많은 것 또한 사실입니다.

청년창업 소득세 감면이란?

자본과 점포 없이도 돈을 벌 수 있는 '무자본 창업(스마트 스토어, 광고대행, 유튜버 등)'에 관심을 가지는 청년들이 많습니다. 퇴사 후 창업을 고민하는 직장인들도 많죠.

정부는 청년들이 새로운 제품과 서비스를 개발해 수익을 창출하고 경제 성장에 이바지하도록 창업을 장려하고 있습니다. 대표적인 장려 정책이 '청년창업 세액감면 제도'입니다.

세알못 – 이미 사업자를 낸 적이 있는데, 저도 해당하나요?

택스코디 – 결론부터 말하자면 이미 사업자를 낸 사람도, 요건만 충족하면 5년간 종합소득세를 단 1원도 내지 않을 수 있습니다.

세알못 – 그럼 청년창업 세액감면 제도 요건은 어떻게 되나요?

택스코디 – 나이 · 최초 창업 · 업종 요건, 이 3가지 요건을 모두 만족해야 합니다.

1. 나이

나라에서 말하는 '청년'이어야 합니다. 청년을 만족하려면 나이에 대한 조건, 즉 15세~34세이어야 하며 병역 기간(6년)까지 소급해 인정받을 수 있습니다. 따라서 해당 기간을 반영하면 최대 만 40살까지 혜택을 받을 수 있게 됩니다. 2024년을 기준으로 군대를 고려하지 않으면, 1990년생까지 세액감면이 가능합니다.

개인사업자로 창업	창업 당시 15세 이상 34세 이하인 사람. 다만, 병역을 이행한 경우에는 그 기간(6년 한도)을 창업 당시 나이에서 빼고 계산한 나이가 34세 이하인 사람을 포함.
법인사업자로 창업	개인사업자로 창업하는 경우의 요건과 지배주주 등으로서 해당 법인의 최대주주 또는 최대출자자이어야 한다는 요건을 모두 충족해야 함.

2. 최초 창업

최초 창업이어야 합니다. 이전에 사업체를 운영했던 이력이 없고, 처음 창업하는 사람이라면 최초 창업에 대해 크게 고민하지 않아도 됩니다. 하지만 이전에 사업체를 운영했던 이력이 있다면, 새로 시작하는 창업 형태가 최초 창업으로 인정받지 못하는 경우인지 확인해야 합니다.

<u>세알못 – 최초 창업으로 인정받지 못하는 경우는 무엇인가요?</u>

택스코디 – 창업 요건은 창업과 개업의 차이를 알아야 합니다. 창업은 사업을 위해 기업을 새로 내는 것이고, 개업은 그냥 영업을 개시(시작)한 것이죠. 똑같아 보이지만 극명하게 차이가 납니다. 창업은 해당 업종을 처음으로 차렸을 때를 뜻합니다. 즉, 이전에 같은 업종으로 사업했던 적이 없어야 합니다. 다른 사람이 하던 사업을 그대로 인수해 사업장을 내는 것은 개업으로 보기 때문에 창업 감면 적용이 안 됩니다. 다음 4가지 경우에는 최초 창업으로 인정받지 못합니다.

1. 사업을 하다 폐업 후 다시 같은 사업을 하는 경우
2. 기존 사업의 확장 또는 타업종을 추가하는 경우
3. 기존의 개인사업자를 법인으로 바꾸는 경우
4. 합병이나 현물출자, 분할, 사업 양수 등을 통해기존 사업을 승계하거나 인수하는 경우

3. 업종 (조세특례제한법 제6조 3항의 대상 업종에 해당해야 함)

음식점, 정보통신, 통신판매업 등 가능한 업종은 18개입니다. (전문직, 부동산임대업, 도소매업 등은 불가능합니다.)

<u>세알못 – 세금 감면 혜택을 받으려면 어떤 업종이 유리한지, 주의할 점은</u>

무엇인가요?

택스코디 - 창업중소기업 세액감면은 1986년에 처음 세법에 규정 신설됐습니다. 이때는 제조업과 광업을 업종으로 하는 중소기업만 소득세의 50%를 감면받을 수 있었습니다. 현재 창업중소기업 세액감면 제도는 처음 제도가 시행됐을 때와 비교해, 대부분 업종으로 감면대상이 확대됐습니다.

업종 요건은 한국표준산업분류표에 따릅니다. 대표적으로 안되는 업종은 전문직이나 도소매, 주점이 속합니다. 식음료를 파는 카페도 주점 및 비알코올 음료점으로 해당해 세액감면이 되지 않습니다. 하지만 베이커리 사업은 음식점업으로 감면받을 수 있습니다. 따라서 베이커리를 하면서 부수적으로 커피를 판다면, 감면이 가능합니다. 다음 표를 참고합시다.

청년창업세액감면 대상 업종
1. 광업
2. 제조업 (제조업과 유사한 사업으로 대통령령으로 정하는 사업을 포함)
3. 수도, 하수 및 폐기물 처리, 원료 재생업
4. 건설업

5. 통신판매업
6. 대통령령으로 정하는 물류 산업
7. 음식점업
8.. 정보통신업 (비디오물 감상실 운영업, 뉴스제공업, 블록체인 기반 암호화자산 매매 및 중개업 등 제외)
9. 금융 및 보험업 중 대통령령으로 정하는 정보통신을 활용해 금융서비스를 제공하는 업종
10. 전문 과학 및 기술 서비스업 (변호사업, 변리사업, 법무사업, 공인회계사업, 세무사업, 등 제외)
11. 사업시설 관리 및 조경 서비스업, 사업 지원 서비스업
12. 사회복지 서비스업
13. 예술, 스포츠 및 여가 관련 서비스업 (자영예술가, 오락장 운영업, 수상오락 서비스업, 사행시설 관리 운영업 등 제외)
14. 개인 및 소비용품 수리업, 이용 및 미용업
15. 직업기술 분야를 교습하는 학원을 운영하는 사업 또는 직업능력개발훈련시설을 운영하는 사업
16. 관광숙박업, 국제회의업, 유원시설업 및 관광객 이용시설업
17. 노인복지시설을 운영하는 사업
18. 전시산업

세무서에 문의하니 전자상거래-소매업은 적용이 되는데, 건강기능식품-도소매업은 적용되지 않는다고 합니다.

택스코디 – '도소매업–건강기능식품'은 인정되는 업종이 아니므로 신청 조건에 해당하지 않습니다. 하지만 해당 상품을 온라인으로 판매하는 경우 전자상거래업으로 등록하게 되는데, 이때는 조건을 충족하게 됩니다. 따라서 사업자를 신청할 때 전자상거래업을 함께 등록해서 세금 감면 혜택을 받을 수 있도록 준비해야 합니다.

창업지역만 잘 골라도
세금 내지 않는다.

앞장에서 말한 3가지 요건에만 해당한다면 혜택을 적용받지 못할까 걱정할 필요는 없습니다. 다만, 지역에 따른 종합소득세 감면 비율의 차이가 있습니다.

세알못 – 그럼 어느 지역이 감면율이 더 높은가요?

택스코디 – 정부는 지역 균형발전을 위해 수도권 내의 기업은 불이익을 주고 있습니다. 당연히 수도권 외 지역의 기업은 이익을 주고 있습니다. 수도권 과밀억제권역이냐 아니냐에 따라 감면율이 2배 차이 납니다.

청년 창업중소기업 세액감면은 수도권 과밀억제권에서 창업한 경우 50%만 감면합니다. 수도권 과밀억제권역 외의 지역에서 창업한 경우는 100% 감면해줍니다.

인천과 남양주, 시흥의 경우 같은 행정구역인데도 50% 또는 100% 되는 곳이 나뉩니다. 인천을 예로 들면 차이나타운에 사업장을 내면 50% 절반밖에 세금 감면을 못 받지만, 송도는 100% 세액 전액을 감면받을 수 있습니다. 송도는 경제자유구역에 속하기 때문이죠.

세알못 – 수도권 과밀억제권역은 구체적으로 어디를 말하나요?

택스코디 – 다음과 같습니다.

수도권 과밀억제권역	
서울특별시	전 지역
인천광역시	남동국가 사업 단지 제외, 강화군, 옹진군, 서구 대곡동, 불노동, 마전동, 금곡동, 오류동, 왕길동, 당하동, 원당동 및 경제자유구역 제외
경기도	시흥시 (반월특수지역 제외), 의정부시, 구리시, 하남시, 부천시, 고양시, 수원시, 성남시, 안양시, 광명시, 과천시, 의왕시, 군포시, 남양주시 (호평동, 평내동, 금곡동, 일패동, 이패동, 삼패동, 가운동, 수석동, 지금동, 도농동에 한함)

참고로 감면 '한도'가 없으므로 실제로 적게는 몇백만 원에서 많게는 몇억 원까지도 감면을 받을 수 있습니다.

세알못 – 100% 감면 지역에 창업하면 유리한 업종이 따로 있나요?

택스코디 – 세금은 돈을 번 만큼 내는 겁니다. 창업 후 가장 중요한 것은 수익을 많이 내는 것입니다. 세금 감면은 그다음 순위입니다. 손해를 보면 세금 낼 게 없습니다.

스마트 스토어를 통해 물건을 판매한다던가, 광고대행을 한다던가, 유튜버를 한다면 지역이 크게 중요하지 않죠. 그러므로 이런 창업가라면 감면 지역에서 사업하는 것이 좋습니다.

청년들이 수도권 과밀억제지역 밖에서 일하면 그 지역에서 밥도 사 먹고 세금도 냅니다. 그리고 그곳이 익숙해지면 그곳으로 거주지 자체를 옮길 수도 있습니다. 그래서 이 제도가 절세도 하고 지역 균형발전도 가능한 일석이조의 방법이라고 생각합니다.

세알못 – 김포 (수도권 과밀억제권역 밖)에 위치한 자택을 사업장 주소지로 해 온라인 쇼핑몰을 운영하고 있으며 나이는 만 30세입니다. 소득세 100% 감면 가능한가요?

택스코디 – 나이 요건(만34세 이하), 업종 요건(전자상거래업), 지역 요건(수도권 과밀억제권역 밖)을 모두 충족하므로 소득세 100% 감면 가능합니다.

세알못 – 수도권 과밀억제권역 안에서 한식집을 창업해서 50%의 세액감면을 적용받고 있다가, 수도권 과밀억제권 밖에서 창업했다면 100%의 세액감면을 받을 수 있다는 사실을 뒤늦게 알게 되어 수도권 과밀억제권 역 밖으로 사업장을 이전했습니다. 100% 감면 가능한가요?

택스코디 — 안타깝지만 뒤늦게 지역을 이전하더라도 100% 감면 혜택을 적용받을 수는 없습니다. 수도권 과밀억제권역 밖에서의 창업을 독려하기 위해 만든 세제 혜택인 만큼 처음 창업한 지역의 감면율 50%를 그대로 적용받게 됩니다.

단, 수도권 과밀억제권역 밖에서 한식집이 아니라 중식집을 새로 창업하면 100% 감면대상이 될 수 있습니다. 업종분류표 상 기존에 창업한 업종과 겹치지 않는다면 새롭게 창업한 것으로 간주해 혜택을 받을 수 있습니다.

세알못 — 그럼 반대의 경우는 어떻게 되나요? 수도권 과밀억제권역 밖에서 창업해서 100% 감면을 받다가, 수도권 과밀억제권역 안으로 사업장을 이동하면 100% 감면을 계속 적용받을 수 있나요?

택스코디 — 이럴 때는 50%로 감면율이 낮아집니다. 수도권 과밀억제권역 안으로 이동하면 50%로 감면율이 변경되기 때문입니다.

창업중소기업 소득세 감면 신청방법은?

최초로 창업한 청년이라면 5년간 종합소득세 세액감면을 최대 100%까지 받을 수 있습니다. 만약 청년이 아니더라도 소규모 창업이라면 같은 혜택을 받을 수 있습니다. 감면 신청자격 요건인 나이와 업종 요건을 확인하고, 종합소득세 정기신고 기간에 종합소득세 신고 시 첨부서류로 창업중소기업감면신청서에 세액감면액을 기록해서 제출하면 됩니다.

- 음식점, 정보통신, 통신판매업 등 대부분 업종 가능 (전문직, 부동산임대업, 도소매업은 불가능)
- 수도권 밖에서 청년(15~34세)이 창업하거나, 또는 소규모 창업이라면 5년간 100% 세금 감면
- 수도권 안에서 청년(15~34세)이 창업하거나, 또는 소규모 창업이라면 5년간 50% 세금 감면

창업중소기업			
수도권 과밀억제권역 밖		수도권 과밀억제권역 안	
청년창업	수입금액 8,000만 원 이하	청년창업	수입금액 8,000만 원 이하
5년 100%		5년 50%	

참고로 홈택스에서 종합소득세 신고 시 '08. 세액공제, 감면, 준비금' 항목의 '세액감면 신청서' 탭을 통해 신청하면 됩니다.

세알못 - 이미 세금을 냈는데, 세액감면 대상이면 다시 돌려받을 수 있나요?

택스코디 - 이미 세금을 냈는데, 세액감면 대상인 것을 늦게 안 경우, 5년 이내에 납부한 세금이라면 세금신고 및 납부 후 정정할 수 있는 '경정청구'를 통해 돌려받을 수 있습니다.

세알못 - 만약 창업 후 5년간 수익이 발생하지 않다가, 5년째 되는 해에 수익이 발생한다면 어떻게 되는 건가요?

택스코디 - 5년 동안 세금 감면 기준은 소득이 최초로 발생한 연도를 기준으로 합니다. 가령 사업을 시작하고 3년이 되는 해에 최초 수익이 발생했다면, 그 해를 포함해 총 5년 동안 세금 감면을 받을 수 있습니다.

세알못 – 청년 창업자들에게 강조하고 싶은 세금 관련 사항이 있다면요?

택스코디 – 다시 강조하지만, 사업을 시작할 예정이라면 나이를 꼭 확인합시다. 한두 달 차이로 감면 못 받는 사람도 꽤 많습니다. 만 34세 이하인데 창업을 고민하고 있다면, 일단 사업자등록부터 먼저 하고 소득을 만드는 게 좋습니다. 그럼 5년간 세금 걱정 없이 사업할 수 있습니다.

또 하나, 프리랜서라면 감면을 받을 수 없습니다. 프리랜서는 기업이 아니기 때문이죠. 고정된 사업장이나 직원 고용이 있어야 기업으로 보고, 창업중소기업 세액감면 적용대상이 됩니다. 혼자 집에서 일하는 것보다는 밖에 나가서 사업장을 꾸리는 것을 추천합니다. 감면되는 세금이 임차료보다 더 많을 수 있습니다.

청년창업 세액감면은 무려 5년간 소득세 또는 법인세를 100%까지 감면해주는 강력한 창업 지원 제도입니다. 처음 창업할 때 요건을 미리 갖추어야지만 감면을 적용받을 수 있다는 사실을 기억해야 합니다. 잘 알아보지 않은 상태에서 창업을 해버리면 훗날 감면을 받고 싶어도 받을 수 없으므로 사업자등록 하기 전에 미리 청년창업 세액감면을 받을 수 있는 요건이나 제도 내용에 대해 인지하고 준비해야 합니다.

세 번째 숫자

'1억 400'

꼭 기억해야 할 세 번째 숫자 '1억 400'은 바로 금액입니다. 과세유형을 결정하는 기준금액입니다.

간이과세자는 주로 사업 규모가 영세한 사업자를 말합니다. 간이과세자는 일반과세사업자가 부담하는 부가가치세의 15~40% 정도만 내면 됩니다. 또 연 매출이 4,800만 원 미만이면 아예 부가가치세 납부의무가 면제되는 장점들이 있습니다. 하지만, 간이과세사업자가 연 매출 1억 400만 원(종전 8,000만 원)이 넘어가면 일반과세사업자로 바뀌어 부가가치세 부담이 커집니다.

이 기준금액, 직전연도 공급대가 (VAT 포함)의 합계액은 종전에는 4,800만 원 미만이었는데, 2021년 1월 1일부터 8,000만 원 미만으로 바뀌었고, 2024년 7월부터 1억 400만 원 미만으로 다시 바뀌었습니다. (단, 부동산임대업, 과세유흥장소 사업자는 종전대로 4,800만 원입니다.)

참고로 사업장이 둘 이상인 사업자는 모든 사업장의 직전연도 공급가액의 합계액으로 계산합니다. 만약 과세와 면세를 겸업하는 사업자라면 과세사업 공급대가의 합계액으로 판단합니다.

꽃은 면세? 꽃집은 면세사업자?

세알못 - 일반과세자로 사업자등록을 해야 할지, 간이과세자로 할지 헷갈립니다.

택스코디 - 그 전에 먼저 알아야 할 것이 있습니다. 바로 과세, 면세입니다. 사업자등록을 관리하는 부가가치세법에서는 사업을 과세사업자와 면세사업자로 구분해 놓았습니다. 주변에서 접하는 대부분 사업은 부가가치세 과세사업입니다.

꽃은 부가가치세법상 가공되지 않고 식용이 아닌 농산물에 해당해 부가가치세가 붙지 않습니다. 그런데, 꽃집에 있는 모든 꽃이 부가세가 면제되는 것은 아닙니다.

세알못 - 그럼 어떤 꽃에 세금이 붙고, 세금이 면제되는 꽃은 무엇인가요?

택스코디 — 국내에서 생산된 생화는 원칙적으로 면세 물품입니다. 반면 외국에서 생산해 수입한 생화는 과세대상입니다. 다시 말해 국산 카네이션은 면세 상품이지만, 수입 카네이션은 과세 품목입니다.

또 국산 생화를 자연 건조해 오래 보관할 수 있도록 만든 드라이플라워는 부가가치세가 면제됩니다. 반면 특수건조제를 사용해 시들지 않게 만든 꽃, 프리저브드플라워는 과세대상입니다.

과세당국이 꽃의 부가가치세 과세 여부를 판단할 때, 원생산물 본래의 성질이나 상태가 변하는 정도의 가공을 거치면 과세대상으로 봅니다. 프리저브드플라워는 약품 처리하는 과정을 거치면서 꽃이 시드는 본래의 성질을 잃었기 때문에 세금을 매기는 것입니다.

그리고 꽃집에선 일반적으로 생화를 꽃다발이나 화환, 꽃바구니로 만들어 판매합니다. 국산 생화나 드라이플라워를 꽃다발 형태로 만들어 판매할 때도 세금이 붙지 않습니다. 화환이나 꽃바구니 형태로 가공하는 것은 생화 본래의 성질이 변하지 않기 때문입니다.

그러나 생화가 아닌 비누꽃 또는 조화는 과세 상품입니다. 최근에는 꽃집에서 꽃을 첨가해 향기가 나는 디퓨저나 캔들도 판매합니다. 이 상품들 역시 과세대상에 해당합니다.

면세사업은 병원, 출판사, 학원처럼 법에서 정한 몇몇 가지 사업입니다. 따라서 본인이 세금면제를 받고 싶다고 해서 면세사업으로 신청할 수 있는 것이 아닙니다. 본인 사업이 면세사업에 해당하지 않으면 과세사업자가 되며, 그 안에서 다시 간이과세자와 일반과세사업자로 나뉩니다.

일반과세자와 간이과세자, 어떻게 다른가?

과세사업자로 사업을 시작하면 제일 처음 내야 하는 세금이 바로 부가가치세입니다. 부가가치세란 상품이나 서비스 제공 과정에서 생기는 이윤 즉, 부가가치에 대한 세금을 뜻합니다. 따라서 평소 거래처와 세금계산서를 잘 주고받아야 하고 또 과세기간이 돌아오면 증빙자료를 꼼꼼히 챙겨서 세무서에 신고 · 납부도 해야 합니다. 하지만 이처럼 어려워 보이는 부가가치세 신고 · 납부 의무를 간단히 끝마칠 수 있는 사업자도 존재합니다. 우리는 이를 '간이과세자'라고 부릅니다.

세알못 – 일반과세자와 간이과세자가 어떻게 다른가요?

택스코디 – 다음 표를 참고합시다.

	간이과세자	일반과세자
세금계산서 발행	일부 가능	가능
부가가치세 신고	1월 신고·납부	1월, 7월 신고·납부
부가가치세 납부의무 면제	연 매출액 4,800만 원 미만 이면 부가가치세 납부 면제	해당 없음
가능 업종	주로 소비자 상대 업종	모든 업종

일반과세자와 간이과세자를 나누는 가장 대표적인 기준은 '연간 매출액'입니다. 일반과세자는 2024년 7월부터 연간 매출액이 1억 400만 원 이상인 사업자를 대상으로 이뤄집니다. 일반과세자는 부가가치세 신고 시 10%의 세율을 적용받습니다. 또 사업에 필요한 물건 등을 구매하면서 쓴 매입세금계산서상 세액을 전부 공제받을 수 있습니다. 따라서 일반과세자 부가가치세 납부세액은 다음처럼 매출세액(매출액의 10%)에서 매입세액(매입액의 10%)을 뺀 값이 됩니다.

- 부가가치세 (일반과세자) = 매출세액 − 매입세액

반면 간이과세는 연간 매출액이 1억 400만 원에 미달하는 소규모 사업자를 대상으로 이뤄집니다. 간이과세자는 일반과세자와 달리 부가가치세 신고 시 1.5%~4%의 낮은 세율을 적용받습니다. 대신 사업에 필요한 물건을 매입한 비용도 매입액의 0.5%만 공제

받을 수 있습니다. 그리고 간이과세자 중에서도 과세기간 내 공급대가 합계액이 4,800만 원 미만인 자는 부가가치세법 제69조에 따라 세금 납부의무를 면제받을 수 있습니다. 여기서 공급대가는 재화 또는 용역의 교환가치에 부가가치세액까지 포함한 금액을 뜻합니다.

세알못 - 간이과세자는 연 매출 4,800만 원 미만이면 납부가 면제라던데 10월에 개업해 연 매출 4,500만 원인데 세금이 나왔습니다. 이유가 뭘까요?

택스코디 - 과세대상 연도 이전연도부터 사업을 지속한 계속사업자의 경우에는 연 매출 4,800만 원 미만이면 납부 면제이지만, 해당 과세기간에 신규로 사업을 시작한 간이과세자는 12개월로 환산한 금액을 기준으로 판단해 4,800만 원 미만일 때만 납부의무가 면제됩니다. 세알못 씨의 경우 10월에서 12월까지 총 3개월간의 매출이 4,500만 원이면 연 환산 매출액은 1억8,000만 원(4,500만 원 ÷ 3개월 × 12개월)이므로 납부 의무 면제 대상에서 제외됩니다.

간이과세자 부가가치세 납부세액은 다음처럼 매출액에 업종별 부가가치율을 곱한 다음 다시 10%를 곱한 뒤 공제세액을 뺀 값이 됩니다. 공제세액은 매입액에서 0.5%를 곱한 값입니다.

• 부가가치세 (간이과세자) = 납부세액 (공급대가 × 업종별 부가가치율 × 10%) − 공제세액 (매입금액 × 0.5%)

<간이과세자 업종별 부가가치율>

업종	부가가치율
소매업, 재생용 재료수집 및 판매업, 음식점업	15%
제조업, 농 · 임업 및 어업, 소화물 전문 운송업	20%
숙박업	25%
건설업, 운수 및 창고업 (소화물 전문 운송업 제외), 정보통신업	30%
금융 및 보험 관련 서비스업, 과학 및 기술 서비스업, 사업시설관리 · 사업지원 및 임대서비스업, 부동산 관련 서비스업, 부동산임대업	40%
그 밖의 서비스업	30%

SNS 마켓 사업자가 일반과세자인 경우와 간이과세자일 때 부가가치세를 한번 비교해봅시다.

(SNS 마켓 매출 5,500만 원, 세금계산서 발행을 받은 매입 2,200만 원, 세액공제는 없다고 가정)

• 일반과세자일 때 부가가치세
부가가치세 = 매출세액 − 매입세액 = 500만 원 − 200만 원 = 300만 원

- 간이과세자일 때 부가가치세

  부가가치세 = 납부세액 (공급대가 × 업종별 부가가치율 × 10%)

  − 공제세액 (매입금액 × 0.5%) = 5,500만 원 × 15% × 10%

  − 2,200만 원 × 0.5% = 825,000원 − 110,000원 = 715,000

  원

위와 같이 과세유형이 다른 SNS 마켓 사업자가 같은 매입·매출일 때 부가가치세를 계산해 보면 간이과세자가 일반과세자보다 부가가치세를 아주 적게 내는 것을 확인할 수 있습니다.

간이과세,
무조건 선택할 수 있는 건 아니다.

세알못 – 과세유형에 따라 부가세 차이가 상당하네요. 그럼 간이과세로 사업을 시작하는 게 좋은 거 맞죠?

택스코디 – 대부분은 일반과세자보다 간이과세자로 창업하는 것이 유리합니다.

간이과세자는 주로 사업 규모가 영세한 사업자를 말합니다. 간이과세자는 일반과세자가 내야 하는 부가가치세의 15~40% 정도만 냅니다. 또 연 매출이 4,800만 원 미만이면 아예 부가가치세 납부의무가 면제되는 장점들이 있습니다. 하지만 환급금액이 발생해도 환급을 받을 수는 없습니다. 간이과세자가 되기 위한 요건은 다음과 같습니다.

- 개인사업자만 가능하다.
- 1년간 매출액이 1억 400만 원 미만이어야 한다.
- 규모상, 지역상, 업종상 등의 이유로 간이과세를 미적용하는 사업이 아니어야 한다.

보다시피 1억 400만 원이라는 연간 매출액 기준 외에 '간이과세가 배제되는 업종이나 지역에서 사업을 영위하느냐 안 하느냐의 여부'로도 일반과세자와 간이과세자를 나눌 수 있습니다. 이는 부가가치세법과 국세청 고시 등을 통해 가늠할 수 있습니다.

세알못 – 간이과세가 불가능한 업종이 있다는 말이죠? 구체적으로 어떤 업종인가요?

택스코디 – 부가가치세법 시행령 제109조에 따른 배제업종을 경영하는 사업자는 간이과세를 적용받을 수 없습니다. 이 법 시행령 제109조에 따른 대표적 업종에는 광업 · 일부 제조업 · 일부 도매업 · 부동산매매업 · 부동산임대업 · 변호사나 의사와 같은 일정 전문자격사업과 일반과세자에게 포괄적으로 양수한 사업 등이 있습니다. 다음 배제기준을 참고합시다.

1. 종목 기준: 서울특별시와 광역시 및 수도권의 시 지역(읍 · 면

지역 제외)에서 다음 종목의 사업을 영위하는 경우에는 간이과세를 적용받을 수 없습니다.

초기 투자비용이 큰 업종	골프연습장, 주유소, 예식장, 백화점, 볼링장 등
주로 사업자와 거래하는 업종	자료처리업, 산업폐기물 수집 처리업 등
고가품, 전문품 취급업종	골프장비 소매업, 의료용품 소매업, 귀금속점 등
1회 거래금액이 큰 품목 취급업종	피아노, 컴퓨터, 정수기, 대리점 가구, 가전제품 등
기타 신종 호황업종	피부 · 비만관리업, 음식출장 조달업 등

2. 지역 기준: 간이과세 배제지역으로 지정된 건물이나 장소에서 사업을 영위하는 경우에는 간이과세를 적용받을 수 없습니다. (단, 외판원, 개인용달 · 택시, 가로가판점, 무인자동판매기업자 등 예외)

• 부동산임대업 기준: 특별시, 광역시 및 시(읍 · 면 지역 제외) 지역에 소재한 임대용 건물 중 건물연면적이 일정규모 이상 이면 간이과세를 적용받을 수 없습니다.

• 과세유흥장소 기준: 서울특별시, 광역시 및 시 지역에 소재한 모든 과세유흥장소와 기타 지역 중 국세청장이 간이과세 적용 배제지역으로 지정한 지역에서 과세유흥장소를 영위하는 경우에는 간이과세 적용을 배제합니다. (과세유흥장소 - 룸살롱, 스탠드바, 극장식식당, 카바레, 나이트클럽, 디스코클럽, 고고클럽,

관광음식점, 요정 등)

참고로 간이과세 배제기준은 다음 경로를 통해 국세청 누리집에서 확인 가능합니다.

'알림 · 소식 – 고시 · 공고 · 행정예고 – 고시'

여기서 잠깐! 다음과 같은 경우에는 간이과세자로 시작하는 것보다 일반과세자로 사업자등록을 내는 것이 더 유리합니다.

- 초기 시설비용 등 고정자산 투자가 많아 환급이 예상되는 경우
  예를 들어 인테리어와 설비투자 금액이 많은 업종일 때, 일반과세자는 매입세액 (초기 투자 경비의 10%)을 부가가치세에서 공제를 받기 때문에 이 금액이 매출세액보다 더 많은 경우 환급을 받습니다. 그러나 간이과세자는 환급을 받을 수 없으므로, 이럴 때는 일반과세자로 창업을 해야 합니다.

- 사업자 간 거래가 많은 업종을 창업하는 경우
  일정 매출 규모 미만(직년연도 매출이 4,800만 원)의 간이과세자는 세금계산서를 발행할 수 없습니다. 거래 규모가 큰 비즈니스의 상대방이 세금계산서를 요구하는 상황에서, 이에 대응하지 못함으로 인하여 거래가 성사되지 못할 수 있습니

다. 즉, 매출증가의 기회를 놓치는 것입니다. 따라서 이럴 때
도 일반과세자로 창업을 해야 합니다.

1억 400만 원이 넘어가면
어떻게 되나?

개인사업자 직전연도의 공급대가가 1억 400만 원 이상이 되면 간이과세자는 일반과세자로 자동 전환됩니다. 반대로 직전연도의 공급대가가 1억 400만 원에 미달하게 되면 일반과세자는 다시 간이과세자로 바뀝니다.

이처럼 과세유형이 바뀌는 시기는 부가가치세법 시행령에 따르면 일반적으로 1년 공급대가가 1억 400만 원에 미달하거나 그 이상이 되는 해의 '다음 해 7월 1일부터 그다음 해 6월 30일까지' 입니다. 신규로 사업을 개시한 때도 간이과세자에 관한 규정이 적용되거나 적용되지 않는 기간은 최초로 사업을 개시한 해의 '다음 해 7월 1일부터 그다음 해 6월 30일까지' 입니다.

참고로 간이과세가 적용되지 않는 다른 사업장을 한 곳이라도 보유하고 있는 사업자는 일반과세자로 편입됩니다. 부가가치세법에 따르면 둘 이상의 사업장 중 한 곳이라도 일반과세를 적용받는다면 기존의 간이과세 사업장도 일반과세 대상 사업장이 되는 것입니다.

세알못 – 음식점을 하고 있습니다. 2023년 7월 1일부터 일반과세자로 전환되었습니다. 그동안 간이과세자로 있을 때는 부가가치세에 대해 그다지 신경 쓰지 않았는데, 신용카드 사용이 급격히 증가해 매출액이 대부분 노출되고 있는 데다 일반과세자로 전환까지 되었으므로, 이제부터는 세금에 대해 신경을 써야겠습니다. 제가 할 수 있는 좋은 절세법은 무엇인가요?

택스코디 – 앞서 배운 것처럼 부가가치세는 매출세액에서 물건을 매입할 때 부담한 매입세액을 차감해 계산합니다. 따라서 부가가치세 부담을 줄이기 위해서는 매출세액을 줄이거나 매입세액을 늘려야 하는데, 매출세액은 매출액이 이미 정해져 있으므로 임의로 줄이거나 늘릴 수 없습니다. 매출액을 고의로 누락시키면 이는 탈세 행위로 법에 어긋나는 일이고, 나중에 누락한 사실이 발견되면 훨씬 무거운 세금을 부담해야 합니다.

그러므로 세금을 합법적으로 줄이기 위해서는 매입세액을 늘려야 합니다. 하지만 매입세액 또한 임의로 줄이거나 늘릴 수 없으므로 방법은 한가지! 물건을 매입하면서 매입세액을 공제받을 수 있는 세금계산서를 빠짐없이 받는 방법뿐입니다.

많은 사업자가 매입금액이 적을 때는 세금계산서를 받지 않거나, 주변 간이과세자로부터 물건을 매입하고 영수증을 받는 경우가 있는데, 이렇게 매입하는 것은 매입세액을 공제받을 수 없습니다.

사업에 필요한 물건을 구매하고 세금계산서를 받으면 일반과세자는 매입세액 전액을, 간이과세자는 세금계산서 등을 발급받은 재화와 용역의 공급대가에 0.5%를 곱한 금액을 공제받습니다.

예를 들어 음식점을 하는 일반과세자 사장님의 2023년 2기 과세기간(6개월)의 총매입액이 3,300만 원이라고 가정하면 세금계산서 수취비율에 따른 매입세액 공제액을 보면 다음과 같습니다.

세금계산서 수취비율	매입세액 공제액
100%	3,000,000원
50%	1,500,000원
0%	0원

따라서 비록 적은 금액이라도 물건을 매입할 때는 상대 사업자가 간이과세자가 아닌 일반과세자로부터 매입을 하고, 물건을 매입할 때 세금계산서를 빠짐없이 받아두는 것이 부가가치세를 절약하는 지름길입니다.

일반과세자로 전환되었다면,
제고매입세액공제 받자.

세알못 – 미용실을 운영하고 있습니다. 얼마 전 국세청에서 간이과세자에서 일반과세자로 전환된다는 통지서를 받았습니다. 통지서를 보니 간이과세자에서 일반과세자로 전환되는 경우에는 전환 당시 보유하고 있는 재고품 및 감가상각자산에 대해 재고매입세액을 공제받을 수 있으니 신고하라고 하는데, '재고매입세액'이란 무엇이고 재고품을 신고하면 어떤 혜택이 있는가요?

택스코디 – 재고매입세액은 재고납부세액의 반대의 경우로 재고매입세액 공제는 사업자가 간이과세자일 때 부담했던 매입 부가가치세액 중 공제받지 못한 부분을 일반과세자로 전환될 때 공제받도록 하는 제도입니다. 열심히 일해서 일반과세자로 전환됐으니 나라에서 주는 일종의 혜택입니다.

다시 말해 간이과세자였을 때 공급대가의 0.5%만큼만 공제받았으므로 이를 일반과세자일 경우로 간주해 공제받지 못한 부분을 추가로 공제해주는 것입니다. 재고매입세액 공제대상은 다음과 같습니다.

재고매입세액 공제대상	• 상품, 제품(반제품 및 재공품 포함) • 재료, 부재료 • 건설 중인 자산 • 감가상각자산 (건물 · 구축물은 10년 이내의 것, 기타 감가상각자산은 2년 이내의 것)

예를 들어 음식점이라면 식재료 같은 면세 재화를 제외하고 음료수나 주류들에 대해 공제를 받을 수 있는 것입니다. 우리가 알고 있는 에어컨, 냉장고 등과 같은 감가상각 대상 자산들도 모두 공제대상에 속합니다. 재고매입세액 계산법은 다음과 같습니다.

재고품		재고금액 × 10/110 × (1−0.5%×110/10)
건설 중인 자산		해당 건설 중인 자산과 관련된 공제대상 매입세액 × (1−0.5%×110/10)
감가상각 자산 (취득)	건물 또는 구축물	취득가액(부가세포함) × [1− 10/100 × 경과한 과세기간 수] × 10/110 × (1−0.5%×110/10)
	그 밖의 감가 상각자산	취득가액(부가세포함) × [1− 50/100 × 경과한 과세기간 수] × 10/110 × (1−0.5%×110/10)
감가상각 자산 (자체 제작)	건물 또는 구축물	공제대상 매입세액 × [1− 10/100 × 경과한 과세기간 수] × (1−0.5%×110/10)
	그 밖의 감가 상각자산	공제대상 매입세액 × [1− 50/100 × 경과한 과세기간 수] × (1−0.5%×110/10)

공제 신고방법은 어렵지 않습니다. 과세유형이 변경되는 날 현

재에 있는 재고품(상품, 제품, 재료), 건설 중인 자산 및 감가상각자산에 대해 일반과세 전환 시의 재고품 등 신고서를 작성해 유형이 변경되는 날의 직전 과세기간에 대한 신고와 함께 각 납세지 관할 세무서장에게 신고하면 됩니다.

재고매입세액 신고 후 관할 세무서장의 승인을 얻은 날이 속하는 예정신고기간 또는 확정신고기간 매출세액에서 공제해줍니다.

간이과세자에서 일반과세자로 전환되고 나서 간이과세자로서 부가가치세를 신고할 때 '일반 과세 전환 시의 재고품 등 신고서'를 작성해 제출하면 세무서에서는 그 가액을 확인해 '재고품 및 감가상각자산의 재고금액 승인 통지'를 보냅니다. 그 통지서상에 승인된 금액을 일반과세자로 전환된 직후 부가가치세 신고를 할 때 공제받으면 됩니다.

네 번째 숫자

'1억 500'

사업을 시작하게 되면 사업주는 수익과 비용을 장부에 기록, 즉 기장을 해야 합니다. 과세당국은 사업 규모에 따라 장부를 작성해 둬야 하는 의무를 부여했습니다. 가계부 같은 단식부기가 아니라 회계기록 방식에 따른 복식부기로 장부를 작성해야 하는 사업자를 '복식부기의무자'라고 합니다. 이들보다 규모가 작아서 복식부기를 사용해서 제대로 장부를 작성하기에는 어려움이 있을 것이라고 예상되는 사업자를 '간편장부대상자'라고 합니다.

네 번째 숫자 '1억 5,000'은 이 장부 유형을 판단하는 기준금액입니다. 이 기준금액은 업종에 따라 차이가 있습니다. 예를 들어 식당은 1억 5,000만 원, 미용실은 7,500만 원, 이런 식입니다.

사업장 규모에 따라
장부 유형이 달라진다.

　이제 막 창업한 사장님들 또는 직전년도 매출액이 일정 금액 이하인 영세한 사업자는 쉽고 간편하게 장부를 작성해도 국세청에서 정식으로 장부를 작성한 것으로 인정해줍니다. 간편장부란 다음 표처럼 회계지식이 부족한 사업자들도 쉽게 작성할 수 있도록 국세청에서 고시한 장부를 말합니다.

일자	계정 과목	거래 내용	거래 처	수입 (매출)		비용 (원가 관련 매입 포함)		사업용 유형 자산 및 무형 자산 증감(매매)		비 고
				금액	부가세	금액	부가세	금액	부가세	

　우리가 가정에서 사용하는 가계부와 크게 다르지 않아 누구나 손쉽게 작성할 수 있습니다. 간편장부대상자라면 이처럼 단순한

간편장부 작성만으로 정식 장부(복식부기)를 작성한 것과 같은 것으로 인정됩니다. 단, 모든 사업자에게 간편장부를 정식 장부로 인정해주지는 않습니다. 정해진 기준금액 이하 사업자가 대상이며, 구체적인 기준은 다음 표와 같습니다.

〈개인사업자 업종에 따른 수입금액으로 장부작성 기준〉

업종	간편장부대상자	복식부기의무자
가. 농업 · 임업 및 어업, 광업, 도매 및 소매업(상품 중개업을 제외한다.), 소득세법 시행령 제122조 제1항에 따른 부동산매매업, 그 밖에 '나' 및 '다'에 해당하지 않는 사업	3억 원 미만	3억 원 이상
나. 제조업, 숙박 및 음식점업, 전기 · 가스 · 증기 및 공기조절 공급업, 수도 · 하수 · 폐기물처리 · 원료재생업, 건설업(비주거용 건물 건설업은 제외), 부동산 개발 및 공급업(주거용 건물 개발 및 공급업에 한함) 운수업 및 창고업, 정보통신업, 금융 및 보험업, 상품중개업, 욕탕업	1억 5,000만 원 미만	1억 5,000만 원 이상
다. 소득세법 제45조 제2항에 따른 부동산임대업, 부동산업('가'에 해당하는 부동산매매업 제외), 전문 · 과학 및 기술서비스업, 교육서비스업, 보건업 및 사회복지서비스업, 예술 · 스포츠 및 여가관련서비스업, 협회 및 단체, 수리 및 기타 개인서비스업, 가구 내 고용 활동	7,500만 원 미만	7,500만 원 이상

직전년도 수입금액이 위의 표 간편장부대상자 금액 범위에 해당하면 간편장부대상자로 적용됩니다. 다만, 전문직 종사자인 의사나 변호사, 세무사, 회계사 등은 직전연도 수입금액과 상관없이 간편장부대상자에서 제외됩니다. 다시 말해 무조건 복식부기의

무자입니다.

세알못 - 표를 보니 해당 업종별로 기준금액이 나와 있습니다. 해당 업종에서 기준금액 이상이면 복식부기의무자, 기준금액 미만이면 간편장부대상자인 거죠. 그런데 기준금액, 직전년도 수입금액이 언제를 말하는 건가요?

택스코디 - 예를 들어 2024년 5월에 2023년 소득세를 신고한다면, 2022년도 수입금액이 기준금액을 기준으로 복식부기의무자인지, 간편장부대상자인지 판단합니다.
따라서 올해 신규로 창업한 사업자는 직전년도 수입금액이 존재하지 않으므로, 모두 간편장부대상자입니다.

세알못 - 사업자가 3개입니다. 하나는 제조업으로 수입금액은 1억 원, 다른 하나는 도매업으로 5천만 원, 마지막 하나는 부동산임대업으로 1천만 원, 총수입금액은 1억 6천만 원입니다. 간편장부대상자인가요? 복식부기의무자인가요?

택스코디 - 직전년도 사업장이 2개 이상이거나 업종이 서로 다른 경우에는 다음과 같은 계산법으로 환산 수입금액을 계산해야 합니다.

주업종수입금액 + [주업종 외 수입금액 × (주업종 기준금액 / 주업종 외 기준금액)]

(여기서 주업종은 수입금액이 가장 큰 업종이 됩니다.)

세알못 씨는 주업종이 수입금액이 가장 큰 제조업입니다. 환산 수입금액을 계산해 보면,

1억 원 + [1천만 원 × (1억 5천만 원 / 7천 5백만 원)] + [5천만 원 × (1억 5천만 원 / 3억 원)] = 1억 4천 5백만 원

환산한 수입금액이 기준금액 1억 5천만 원(제조업) 미만이므로 간편장부대상자가 됩니다.

참고로 2개 이상의 사업장이 있는 경우에는 사업장별로 거래 내용이 구분될 수 있도록 사업장별로 간편장부를 작성해야 합니다.

적자가 발생했다면,
꼭 장부를 적자.

간편장부를 작성하면 다음과 같은 이점이 있습니다.

쉬운 작성법	복식부기 장부와 비교해 작성과 관리가 쉽다.
절세 효과	소득세 신고 시 실제 사업에서 발생한 비용을 필요경비로 인정받을 수 있다. 또한, 사업에 필요한 자산을 매입했을 때 이에 대한 감가상각도 비용으로 처리할 수 있으므로 절세 효과를 기대할 수 있다.
결손금 공제	간편장부대상자가 간편장부를 작성하면 소득공제 혜택도 받을 수 있다. 만약 사업에서 적자가 발생하면 그 금액에 대해 향후 15년간 소득에서 공제 혜택을 받을 수 있다.
가산세 면제	간편장부대상자는 장부를 작성하지 않아도 가산세가 발생하지 않는 것으로 착각하는 사장님들이 있는데, 이는 잘못된 정보이다. 소규모 사업자(신규 개업 또는 수입금액 4천8백만 원 미만)를 제외한 간편장부대상자가 장부를 작성하지 않으면, 산출세액의 20%를 가산세로 내야 한다. 물론 간편장부 작성 시에는 이 또한 면제된다.

소득세는 기간 과세 세목입니다. 다시 말해 회사의 존속기간 전체를 대상으로 누적된 이익에 과세하지 않고, 일정한 사업연도마다 그 사업연도에 확정된 이익에 대해 과세를 합니다. 이런 이유

로 만약 사업연도마다 손실과 이익이 반복해 발생하는 회사라면 비록 회사의 존속기간 전체로는 손실이 발생했다고 하더라도, 이익이 발생한 사업연도에 부득불 과세가 되어버리는 문제가 생깁니다. 이에 소득세법은 이러한 기간 과세 제도의 한계를 보완하기 위해 특별한 장치를 마련했습니다. 그 장치가 바로 '이월결손금공제제도'입니다.

'이월결손금공제제도'는 과거에 발생한 결손금을 버려두지 않고, 장래에 이익이 발생하는 사업연도에 다시 꺼내 들어, 그 사업연도의 소득에서 공제하는 제도를 말합니다. 따라서 과거 지나간 사업연도에 결손이 발생한 사실이 있다면 이를 기록해두어 이익이 발생하는 사업연도의 소득세를 줄여 줄 수 있습니다.

중요한 내용이라 다시 강조합니다. 간편장부를 작성하면 '이월결손금공제'가 가능합니다. 적자가 발생했을 때, 장부를 작성한 경우와 그렇지 않은 경우(단순경비율이나 기준경비율로 신고)를 비교해봅시다.

다음처럼 적자가 발생해도 장부를 작성하지 않으면 소득금액이 발생해 세금을 내야 하지만, 기장을 해서 이월결손금공제제도를 적용받으면 3년 동안 소득세를 10원도 내지 않게 됩니다.

〈장부작성을 한 경우〉

구분	연도	매출	필요경비	이월 결손금공제	소득금액
장부 작성	2021년	5,000만 원	5,500만 원	–	– 500만 원
	2022년	5,000만 원	5,500만 원	500만 원	– 1,000만 원
	2023년	7,000만 원	6,000만 원	1,000만 원	0원

〈장부작성을 하지 않은 경우〉

구분	연도	매출	필요경비	이월 결손금공제	소득금액
단순경비율 (80% 가정) 추계신고	2021년	5,000만 원	4,000만 원	–	1,000만 원
	2022년	5,000만 원	4,000만 원	–	1,000만 원
	2023년	7,000만 원	5,600만 원		1,400만 원

위 표에서 알 수 있듯이 적자가 생겼더라도 장부를 작성하지 않고 추계신고를 하면 경비율 적용으로 소득금액이 생겨 소득세가 발생합니다. 따라서 적자가 발생한 경우라면 장부작성은 필수입니다. 그리고 간편장부를 작성하면 감가상각비, 대손충당금 및 퇴직급여충당금 등도 필요경비로 인정받을 수 있습니다.

참고로 이월결손금은 향후 15년간 이월하여 계속 공제를 받을 수가 있습니다. 만약 계속해서 이월결손금이 발생한다면 먼저 발생한 결손금부터 순서대로 공제합니다.

세알못 – 결손금과 이월결손금이 동시에 발생한 경우에는요?

택스코디 – 다음과 같은 순서로 공제가 됩니다.

1. 부동산임대업 이외의 사업, 주거용 건물 임대업에서 발생한
   결손금
2. 부동산임대업 이외의 사업, 주거용 건물 임대업의 사업소득
   이월결손금
3. 부동산임대업(주거용 건물 임대업 제외)의 사업소득 이월결손금

장부를 쓰지 않아도
소득세 신고가 가능한 사업자도 있다.

세알못 – 앞장에서 장부를 쓰지 않아도 소득세 신고가 가능하다고 했는데, 구체적으로 설명해 주세요.

택스코디 – 장부를 전혀 쓰지 않았더라도 세금을 신고하고 납부할 수 있습니다. 국세청에서 장부가 없는 사업자들에게서도 세금은 걷어야 하므로 따로 방법을 마련해 뒀기 때문입니다.

장부를 작성한 사업자들은 실제 거래 내역이 장부에 모두 기록돼 있으니, 그걸 바탕으로 비용을 얼마 썼는지를 계산하고 이익을 따져서 세금을 신고할 수 있습니다.

그러나 장부를 작성하지 않은 때는 비용은 얼마를 썼고 그래서 이익이 얼마인지를 정확히 모르기 때문에 대략 추정해야 해야 합니다. 이를 두고 '추정해서 계산한다'라고 해서 '추계신고'라고 합니다.

이때 추산을 위해 과세당국은 비용으로 인정해주는 일정한 비율을 정해 놓고 있는데 이걸 바로 '경비율'이라고 합니다. 이 경비율은 업종별로 다르고 사업 규모별로도 다릅니다. 이런 기준에 따라 경비율은 다시 기준경비율과 단순경비율로 나눠서 적용합니다.

기준경비율은 매출에서 매입비용과 사업장 임차료, 직원 인건비 등 주요한 경비는 제외하고 남은 금액 중에서 일부분만 비용으로 인정하는 방법이고, 단순경비율은 그냥 단순하게 전체 매출 중에서 일정 비율만큼을 비용으로 인정하는 방법입니다. 경비율을 적용해 계산된 비용을 뺀 나머지는 소득금액입니다.

다음 표처럼 보통 장부를 쓰지 않은 사업자 중에서 사업 규모가 큰 사업자는 기준경비율을 적용하고, 상대적으로 규모가 작은 사업자나 신규사업자에게는 비교적 계산이 간편하고 높은 비율의 단순경비율을 적용합니다.

업종	단순경비율 적용대상자	기준경비율 적용대상자
가. 농업·임업 및 어업, 광업, 도매 및 소매업(상품중개업을 제외한다.), 소득세법 시행령 제122조 제1항에 따른 부동산매매업, 그 밖에 '나' 및 '다'에 해당하지 않는 사업	6,000만 원 미만	6,000만 원 이상
나. 제조업, 숙박 및 음식점업, 전기·가스·증기 및 공기조절 공급업, 수도·하수·폐기물처리·원료재생업, 건설업(비주거용 건물 건설업은 제외), 부동산 개발 및 공급업(주거용 건물 개발 및 공급업에 한함) 운수업 및 창고업, 정보통신업, 금융 및 보험업, 상품중개업, 욕탕업	3,600만 원 미만	3,600만 원 이상
다. 소득세법 제45조 제2항에 따른 부동산임대업, 부동산업('가'에 해당하는 부동산매매업 제외), 전문·과학 및 기술서비스업, 교육서비스업, 보건업 및 사회복지서비스업, 예술·스포츠 및 여가관련서비스업, 협회 및 단체, 수리 및 기타 개인서비스업, 가구내 고용 활동	2,400만 원 미만	2,400만 원 이상

장부 없이 경비율을 적용하면 장부작성 부담도 없고 신고도 간편하다는 장점이 있습니다. 하지만 그렇다고 해서 세금까지 적게 내는 건 아닙니다.

경비율을 적용해 추계신고를 하게 되면 일부 소규모 사업자 (직전년도 수입금액 4,800만 원 미만 사업자)를 제외하고는 세액의 20%가 가산세로 붙습니다. 이 방식은 별도의 계산 없이 국세청이 정한 기준대로 세금을 추산하는 방식이어서 비용을 많이 쓴 경우에는 장부를 쓰고 정상적으로 비용처리를 하는 게 오히려 세금 부담이 더 낮을 수 있다는 점을 기억해야 합니다.

세알못 - 만약 기준경비율 대상자가 단순경비율로 신고하면 어떻게 되나요?

택스코디 - 기준경비율 대상자가 단순경비율에 의한 방식으로 신고한다면, 계산된 소득금액에 일정 배율을 적용해 소득금액을 다시 계산합니다. 이때 사용되는 배율은 간편장부대상자는 2.6배, 복식부기의무자는 3.2배로 배율이 올라갑니다.

예를 들어, 수입금액 1억 원에 적격증빙을 갖춘 주요경비가 7,000만 원일때 소득금액은 다음과 같이 두 가지 방법으로 계산할 수 있습니다. (한식당을 운영하는 간편장부대상자이고 기준경비율은 9.7%, 단순경비율은 88.6%라고 가정합니다. 이 비율은 매년 달라집니다.)

- 기준경비율로 계산

  소득금액 = 수입금액 - 주요경비 - (수입금액 × 기준경비율)

  = 1억 원 - 7,000만 원 - (1억 원 × 9.7%) = 2,030만 원

- 단순경비율로 계산 (기준경비율 대상자가 단순경비율에 의한 방식으로 신고해서 배율 적용)

  소득금액 = {수입금액 - (수입금액 × 단순경비율)} × 배율 = {1억 원 - (1억 원 × 88.6%)} × 2.6 = 2,964만 원

이 경우에는 단순경비율로도 신고는 가능하나, 배율이 적용되어 소득금액이 커지는 것을 알 수 있습니다.

그런데, 같은 조건에 주요경비 적격증빙을 제대로 갖추지 못했다면 사정은 달라집니다. 다음을 봅시다.

- 기준경비율로 계산
  소득금액 = 수입금액 - 주요경비 - (수입금액 × 기준경비율)
  = 1억 원 - 0원 - (1억 원 × 9.7%) = 9,030만 원

- 단순경비율로 계산 (기준경비율 대상자가 단순경비율에 의한 방식으로 신고해서 배율 적용)
  소득금액 = {수입금액 - (수입금액 × 단순경비율)} × 배율 = {1억 원 - (1억 원 × 88.6%)} × 2.6 = 2,964만 원

정리하면 기준경비율 적용대상자도 단순경비율로 소득금액은 계산 가능합니다. 주요경비가 충분하다면 당연히 기준경비율로 소득금액을 계산하는 것이 유리하고, 주요경비가 적거나 없다면 배율이 적용되어도 단순경비율로 신고하는 것이 유리하다는 것을 알 수 있습니다.

간편장부대상자가 복식부기로 신고하면 세금이 절약된다.

세알못 – 사업 규모가 작거나, 사업을 이제 막 시작한 사업자는 당장 세무사에게 기장을 맡기지 않아도 될까요?

택스코디 – 사업의 형태와 내용에 따라 다릅니다. 앞서 본 것처럼 장부작성은 '간편장부', '복식부기'라는 의무화된 기장유형 따라 다르게 진행되므로 먼저 내가 어떤 유형의 장부작성의무가 있는지부터 확인해야 합니다.

간편장부대상자란 사업과 관련된 거래 내용을 수입, 지출로 기록하고 재산상태를 단순 증감형태로 기록해도 이를 '장부'로 인정하는 유형입니다. 회계 관련 지식이 없어도 간편하게 작성할 수 있습니다. 마음만 먹으면 세무사 도움 없이도 작성할 수 있습니다.

반면 복식부기의무자는 사업과 관련된 재산상태와 거래 내용을 일별로 이중으로 기록해 장부를 작성하고 재무상태표, 손익계산서 등 재무제표를 제출해야 하는 유형입니다. 회계지식을 바탕으로 작성해야 하므로 세무사의 도움을 받아 작성하는 경우가 많습니다.

만약, 간편장부대상자인데 세무사에게 기장 대리를 맡기고 있다면, 종합소득세 신고 시 기장세액공제 여부를 꼭 확인해야 합니다. 간편장부대상자가 복식부기로 신고한다면 100만 원을 한도로 기장세액공제(20%)를 받아 세금이 절감되는 효과가 있기 때문입니다.

본인이 복식부기의무자가 아닌 간편장부대상자인데도 복식부기로 기장 했다면, 나라에서는 혜택을 줍니다. 반대로 본인이 복식부기의무자인데 제대로 복식부기로 기장 하지 않았다면 페널티를 줍니다. 다음 표를 참고합시다.

<기장 의무에 따른 혜택과 벌칙>

구분	간편장부대상자	복식부기의무자
복식부기로 기장 한 경우	기장세액공제	혜택도 벌칙도 없음
복식부기로 기장 하지 않은 경우	혜택도 벌칙도 없음	무기장가산세

무기장가산세는 수입금액이 연 4,800만 원이 넘는 사업자가 장부를 기록하지 않았을 때, 산출세액의 20%를 가산세로 부과하는 것을 말합니다. 수입금액이 연 4,800만 원 미만인 사업자의 경우에는 장부를 기록하지 않아도 불이익은 없으나, 이 금액을 초과하는 사업자는 무기장가산세를 부담해야 합니다. 따라서 기준경비율을 적용받는 사업자 중 4,800만 원 이상의 수입금액이 발생하는 경우에는 무기장가산세 20%가 발생합니다.

참고로 2023년 귀속 종합소득세 신고는 2024년 5월에 합니다. 따라서 통상 해가 바뀌고 종합소득세 신고 기간이 돼서 세무사에게 문의합니다. 그런데 신고 기간에는 이미 2023년 수입과 비용이 확정됐기 때문에 바꿀 수 있는 것이 많지 않습니다. 그래서 미리미리 대비해야 합니다.

복식부기의무자로 바뀌었다면,
이렇게 대처하자.

복식부기의무자란 다음처럼 간단히 정리할 수 있습니다.

"당신의 사업장은 일정 수준 이상의 소득을 올린 것이 확인됐습니다. 세금신고 할 때, 더 자세하게 수입과 지출을 정리한 복식 장부를 만들어 신고해야 합니다."

복식부기의무자로 바뀌었다면, 무조건 복식부기 장부를 만들어 신고해야 하는데, 이를 지키지 않으면 무기장가산세로 20%의 세금을 더 내야 합니다.

세알못 – 복식부기의무자도 추계신고가 가능한가요?

택스코디 – 복식부기의무자이더라도 추계신고는 가능합니다.

그런데, 추계신고는 본래 영세자영업자의 신고를 돕는 목적이므로, 복식부기의무자가 기준경비율로 추계신고를 할 때는 기준경비율의 절반만 필요경비로 인정됩니다. 그리고, 무기장가산세가 발생합니다. 복식부기의무자도 추계신고는 가능하나 많은 불이익이 따릅니다. 전문가를 통해 복식부기방식으로 신고를 하는 것을 권합니다.

세알못 - 장부 유형이 복식부기의무자로 바뀌면, 이것 말고도 또 무엇을 더 챙겨야 하나요?

택스코디 - 사업용 계좌 신고도 챙겨봐야 합니다. 복식부기의무자로 바뀌었다면, 복식부기의무자에 해당하는 과세기간의 개시일부터 6개월 이내에 신고해야 합니다. 이행하지 않을 시 조세특례제한법상의 각종 감면 혜택에서 배제하며 가산세를 부과합니다.

사업용 계좌는 필요에 따라 하나의 사업장에 복수의 계좌를 신고할 수 있습니다. 한 금융기관의 여러 계좌를 신고해도 되고, 여러 금융기관의 계좌를 신고해도 무방합니다.

세알못 - 사업장이 둘인데, 하나의 계좌만 사용할 수 있나요?

택스코디 - 사업용 계좌는 사업장별로 신고해야 합니다. 이때, 하나의 사업용 계좌를 여러 사업장의 사업용 계좌로 신고할 수도 있습니다. 다만, 하나의 사업용 계좌를 여러 사업장에 등록해 이용하는 경우에는 사업장별로 사용 내역 등을 따로 관리해야 합니다.

세알못 – 기존에 쓰던 계좌를 사업용 계좌로 사용할 수 있나요?

택스코디 – 금융회사 등에서 신규개설한 계좌는 물론, 기존에 사용하던 계좌도 사업용 계좌로 사용 가능합니다.

세알못 – 직원 인건비를 사업용 계좌에서 인출한 뒤 현금으로 지급하면 불이익이 있나요?

택스코디 – 인건비와 임차료를 지급할 때에는 반드시 사업용 계좌에서 상대방 계좌로 입금해야 합니다. 사업용 계좌에서 인출해 현금으로 지급하는 경우에는 원칙적으로 가산세 부과 대상이 됩니다. 단, 거래 상대방의 사정으로 인건비 지급을 사업용 계좌로 하기 어려운 경우는 제외됩니다.

세알못 – 그럼 거래대금을 개인계좌로 받은 다음 사업용 계좌로 이체하면 괜찮나요?

택스코디 – 거래대금을 금융회사 등을 통해 받는 경우 반드시 사업용 계좌를 통해야 합니다. 다른 계좌를 통해 받았다면 사업용 계좌거래로 인정되지 않아 가산세가 부과됩니다.

참고로 사업용 계좌를 신고하지 않으면 미신고기간 수입금액의 0.2% 와 사용 대상 거래금액의 0.2% 중 큰 금액이 가산세로 부과됩니다. 하지만 사업상의 거래가 부인되는 것은 아닙니다.

세알못 – 사업과 무관한 개인 거래를 사업용 계좌로 해도 되나요?

택스코디 – 사업용 계좌를 통한 개인 거래에 제한을 두지는 않습니다. 단, 개인 거래를 별도로 과세당국에 신고할 필요는 없지만, 사업용 계좌의 거래 내역은 사업상 거래로 인정하고 있으므로 향후 과세당국이 확인하는 경우 사업상 거래가 아닌 개인 거래임을 사업자 본인이 입증해야 합니다.

참고로 업무용 승용차를 업무용으로 사용한 경우 그 비용을 경비 처리해서 세금을 줄일 수 있습니다. 세금을 낼 소득을 줄여 개인은 소득세, 법인은 법인세를 절세할 수 있습니다. 하지만 업무용으로 쓰지 않고도 업무용으로 썼다고 신고한 경우 허위신고가 되어 세금을 추징당할 수 있습니다.

또한, 업무용 승용차 비용 특례가 적용되는 법인과 개인사업자 중 복식부기의무자의 경우 전용보험가입 및 운행 기록부 작성 등의 의무를 지키지 않은 경우에도 세금을 토해낼 수 있습니다.

법인·개인사업자 중 복식부기의무자는 업무용 승용차 별로 차 관련 비용을 연간 1,500만 원까지 비용처리 받을 수 있습니다. 운행 기록부를 남겨서 업무에 사용했다는 것을 증명하면 그만큼 추가 인정도 가능합니다.

업무용 차량 비용처리를 받기 위해선 주의해야 할 점이 있습니다. 법인은 업무전용 자동차보험에 가입해야만 차량 관련 비용을 인정받을 수 있습니다. 보험 가입 없이 차량을 구매하고 사용했다면 그 비용 전부가 대표자 급여로 처리돼 대표에게 소득세가 부과됩니다.

개인사업자 중 복식부기의무자는 차량 2대 째부터 보험 가입 의무가 생깁니다. 보험에 가입하지 않으면 특정 비율만큼만 비용을 인정받을 수 있으니 확인이 필요합니다.

〈업무용 차량 임직원보험 미가입 시 업무사용 인정 비율〉

구분	2023년	2024~2025년	2026년 이후
성실신고대상자 및 전문자격사	50%	0%	0%
그 외 사업자	100%	50%	0%

다섯 번째 숫자

'7억 500'

개인사업자는 1년 동안 벌어들인 소득에 대해 다음 연도 5월에 종합소득세 신고를 해야 합니다. 그러나 1년 동안 매출이 많이 발생해 세법에서 정한 기준을 초과했다면, 5월이 아닌 6월에 신고해야 합니다. 이런 사람들을 '성실신고확인대상자'라고 합니다.

다섯 번째 숫자 7억 5,000은 성실신고확인대상자를 판단하는 기준금액입니다. 이 기준금액은 어떤 사업을 하는가에 따라 다릅니다. 예를 들어 식당이라면 7억 5,000만 원 이상, 미용실이라면 5억 원 이상입니다.

개인사업자라면 1년 동안 벌어들인 소득에 대해 다음 연도 5월에 종합소득세 신고를 해야 합니다. 그러나 1년 동안 매출이 많이 발생해 세법에서 정한 기준을 초과했다면, 5월이 아닌 6월에 신고해야 합니다. 이런 사람들을 '성실신고확인대상자'라고 합니다.

식당 7억+임대 1억 매출이면
'성실신고확인' 대상이다.

큰 규모 개인사업자에게는 종합소득세 신고 전에 세무대리인에게 신고서 작성의 성실도를 확인받도록 하는 의무를 두고 있습니다. 바로 성실신고확인이라고 합니다.

연 매출, 정확히는 연간 수입금액이 일정액을 넘어서면 성실신고확인대상이 됩니다. 농업이나 도·소매업은 연 15억 원 이상, 제조업이나 숙박업, 음식점업은 7억 5,000만 원 이상이면 성실신고확인을 받아야 합니다. 부동산임대업이나 서비스업종은 5억 원만 넘어도 성실신고확인 대상으로 구분됩니다. 다음 표를 참고합시다.

〈업종별 직전년도 수입금액에 따른 성실신고 대상 분류〉

업종	성실신고확인 대상자
가. 농업 · 임업 및 어업, 광업, 도매 및 소매업(상품중개업을 제외한다.), 소득세법 시행령 제122조 제1항에 따른 부동산매매업, 그 밖에 '나' 및 '다'에 해당하지 않는 사업	15억 원 이상
나. 제조업, 숙박 및 음식점업, 전기 · 가스 · 증기 및 공기조절 공급업, 수도 · 하수 · 폐기물처리 · 원료재생업, 건설업(비주거용 건물 건설업은 제외), 부동산 개발 및 공급업(주거용 건물 개발 및 공급업에 한함) 운수업 및 창고업, 정보통신업, 금융 및 보험업, 상품중개업, 욕탕업	7억 5천만 원 이상
다. 소득세법 제45조 제2항에 따른 부동산임대업, 부동산업('가'에 해당하는 부동산매매업 제외), 전문 · 과학 및 기술서비스업, 교육서비스업, 보건업 및 사회복지서비스업, 예술 • 스포츠 및 여가관련서비스업, 협회 및 단체, 수리 및 기타 개인서비스업, 가구내 고용 활동	5억 원 이상

세알못 – 지난해 음식점에서 7억 원의 수입금액이 생겼고, 부동산 임대수익으로 1억 원을 벌었습니다. 이런 경우 성실신고대상자로 구분되나요?

택스코디 – 둘 이상의 업종을 겸영하거나 사업장이 둘이라면, 매출이 큰 '주된 업종'을 기준으로 수입금액을 환산합니다.

주된 업종의 수입금액이 성실신고확인대상이 되는 기준금액에 못 미치더라도 그 밖의 업종 수입금액환산액을 합한 금액이 기준금액을 넘으면 성실신고확인 대상이 되는 것입니다. 그 밖의 업종 수입금액은 다음처럼 주된 업종 수입금액으로 환산하는 별도의 계산식을 적용해서 계산합니다.

〈성실신고확인대상 수입금액 기준 환산적용방법〉

- 주업종의 수입금액 + 주업종 외 업종의 수입금액 × (주업종의 기준수입금액 / 주업종 외 업종의 기준수입금액)

　세알못 씨 음식점 수입금액만 보면 7억 원으로 7억 5,000만 원인 성실신고확인대상 기준에 못 미칩니다. 하지만 겸영(兼營)하고 있던 부동산임대업에서 수입금액 1억 원을 벌었고, 이것을 다음처럼 주된 업종(음식점 수입금액)으로 환산하면 1억5,000만 원이 되고, 이것을 주업종 수입금액 7억 원에 더하면 총 수입금액은 8억5,000만 원으로 성실신고확인대상으로 구분됩니다.

- 주업종의 수입금액 + 주업종 외 업종의 수입금액 × (주업종의 기준수입금액 / 주업종 외 업종의 기준수입금액) = 7억 원 + 1억 원 × (7억 5천만 원 / 5억 원) = 7억 원 + 1억 5천만 원 = 8억 5천만 원

세알못 - 제조업을 운영 중이고 2023년 7월 법인으로 전환했습니다. 법인전환 전까진 수입금액이 7억 원이었습니다. 성실신고대상인가요?

택스코디 – 폐업과 법인전환은 환산하지 않습니다. 제조업 기준으로

7억 5,000만 원 미만이기 때문에 성실신고 대상이 아닙니다.

성실신고확인제도
어디까지 검증할까?

수입금액이 커서 업종별 성실신고 기준금액 이상인 개인사업자는 종합소득세를 신고하기 전에 '성실신고 확인' 절차를 거쳐야 합니다. 업종별로 일정한 수입금액을 넘어선 성실신고 확인 대상자는 매년 6월 30일까지 세무대리인의 검증을 받아 관할 세무서에 확인서를 제출해야 합니다. 만약 성실신고 여부를 제대로 확인하지 않았다면, 국세청의 사후 검증을 통해 세무조사 대상에 선정될 수 있습니다. 또한, 세무대리인까지 강력한 징계를 받기 때문에 사업자나 세무대리인 모두에게 부담스러운 제도입니다.

세알못 - 그렇다면 성실신고 확인을 담당하는 세무대리인들은 사업자의 어떤 부분까지 들여다보나요?

택스코디 - 세무대리인이 국세청에 제출하는 성실신고 확인결과 주요 항목 명세서를 보면 사업장의 기본사항을 비롯해 15개 항목을 기재해야 합니다.

먼저 주요 거래처 현황에는 전체 매출액 대비 5% 이상을 차지하는 매출처 상위 5개와 거래금액·거래품목 등을 적어야 합니다. 주요 유형자산과 차입금·지급이자, 대여금·이자수익, 매출채권·매입채무, 선급금·선수금 명세서도 구체적으로 명시해야 합니다.

수입금액 매출 증빙 발행 현황도 중요한 항목입니다. 총수입금액과에 비교해 매출 증빙 (세금계산서·현금영수증 등)을 발행한 금액이 얼마인지 적은 후 차액이 발생한 원인을 써내야 합니다.

또 특수관계인에게 지출한 인건비와 보증·담보 내역, 지출증명서류 합계표, 금융계좌 잔액 등도 꼼꼼하게 기재해야 합니다. 3만 원 초과 거래 가운데 적격증빙이 없는 매입거래분에 대한 명세서와 상품권·기프트카드·선불카드 구매 명세서까지 적게 됩니다.

성실신고 확인결과에 대한 '주관식' 답변도 있습니다. 현금 수입금액을 빠뜨렸거나 업무와 관련 없는 유흥주점 비용을 쓴 경우, 업무용 차량에 주유비를 과다하게 지출한 경우 등을 일일이 확인한 후 특이사항과 종합의견을 기재해야 합니다.

이런 항목들을 허위로 기재하거나 제대로 확인하지 않는 세무대리인은 무거운 징계를 받게 됩니다. 다음처럼 사업자와 결탁해 성실신고 여부를 제대로 파악하지 않고 세금을 줄여준 세무대리인들이 무더기로 적발된 사례도 있습니다. 모 세무사는 증빙 없는 경비 5억 원 정도를 사업자의 요구로 계상해 6천만 원가량 세액을 탈루했다가 직무 정지 1년과 과태료 500만 원의 징계를 받았습니다. 다른 세무사는 직원의 진술만 믿고 증빙이 없는 소모품비 2억 원을 비용으로 처리한 사실이 적발돼 직무 정지 6월과 과태료 500만 원 처분을 받기도 했습니다.

세무대리인에게 매월 지급하는 비용은 대개 10만 원에서 20만 원 정도입니다. 이 돈을 지급하고 그들에게 제공받아야 하는 서비스는 무엇일까요? 세무대리인마다 조금씩 다르겠지만, 일반적으로 제공하는 세무기장 서비스의 월별 일정은 다음과 같습니다.

월별 세무 일정	
상시 업무	• 대표자 및 담당자 상시 Q&A • 4대보험 취득 및 상실 신고 • 민원서류(소득금액증명원 등) 발급 대행
매월 공통	• 원천세 신고 • 일용근로자 근로 내용 확인신고 • 일용근로소득 지급명세서 제출 • 급여 대장 작성(4대보험 공제액 및 원천세 반영) • 급여명세서 발송 • 사업소득 간이지급명세서 제출 • 세금계산서 관리 및 장부 기록 • 기타 증빙(신용카드, 현금영수증 등) 관리 및 장부 기록

1월	• 부가가치세 신고 (2기 확정) • 신용카드 사용분 분류 및 공제액 확정 • 통장거래 내역 분석 및 입력 • 근로소득 간이지급명세서 제출
2월	• 근로자 연말정산 • 면세사업자 사업장현황신고 • 이자·배당·기타소득 지급명세서 제출
3월	• 세무조정 및 법인세 신고 • 법인세 결산 미팅 • 사업·근로·퇴직소득 지급명세서 제출 • 4대보험 보수총액 신고
4월	• 부가가치세 신고 (1기 예정) • 신용카드 사용분 분류 및 공제액 확정 • 통장거래 내역 분석 및 입력 • 근로소득 간이지급명세서 제출
5월	• 종합소득세 신고 (개인사업자와 근로 외 소득이 있는 개인)
6월	• 성실신고확인대상자 종합소득세 신고 (개인사업자)
7월	• 부가가치세 신고 (1기 확정) • 신용카드 사용분 분류 및 공제액 확정 • 통장거래 내역 분석 및 입력 • 근로소득 간이지급명세서 제출
8월	• 법인세 중간예납 신고
9월	• 상반기 가결산 및 결산 미팅
10월	• 부가가치세 신고 (2기 예정) • 신용카드 사용분 분류 및 공제액 확정 • 통장거래 내역 분석 및 입력 • 근로소득 간이지급명세서 제출
11월	• 종합소득세 중간예납 신고 (개인사업자)
12월	• 법인세 가결산 및 결산 미팅

성실신고대상자만
받을 수 있는 혜택이 있다.

　　종합소득세 신고는 일반적으로 5월에 하지만, 6월에 하는 사장님들도 있습니다. 사업 규모가 큰 경우 성실신고확인이라는 것을 받아야 하기 때문입니다. 더 꼼꼼하게 확인받고 신고하라는 뜻입니다.

세알못 - 성실신고확인대상이 되면 무엇이 달라지나요?

택스코디 - 성실신고확인대상자가 되면 종합소득세 신고서가 성실하게 작성됐는지 세무대리인에게 한 번 더 확인받아야 합니다. 종합소득세 신고서뿐 아니라 성실신고확인서도 제출해야 하는 거죠. 이때 확인하는 세무대리인에게 추가로 확인비용을 지출해야 합니다.

　　그래서 성실신고확인대상자는 종합소득세 신고기한을 5월 말까지가 아니라 6월 말까지로 한 달 더 연장해주고 성실신고확인 비용도 보전해 줍니다. 세무대리인에게 지급하는 성실신고확인 비용의 60%를 최대 120만 원까지 세액공제 받을 수 있고, 남은 비용은 경비로 처리할 수 있습니다.

이 밖에도 일반 직장인이 연말정산을 할 때처럼 의료비 세액공제, 교육비 세액공제, 월세 세액공제를 받을 수 있습니다. 의료비 세액공제는 사업소득 3%를 초과한 부분에 대해 공제받을 수 있고, 공제대상 의료비의 최대 700만 원까지 세액공제를 받습니다. 교육비와 월세에 대해서도 직장인과 동일하게 세액공제 받을 수 있습니다.

반대로 성실신고확인 대상 사업자가 성실신고확인을 받지 않고 일반 사업자처럼 종합소득세 신고서만 내면 성실신고확인서 미제출 가산세를 냅니다.

또 성실신고사업자는 국세청의 세무조사에 더 쉽게 노출됩니다. 성실신고확인 의무를 위반한 사업자는 소득 탈루나 탈세 혐의가 있을 때 진행되는 수시 세무조사 대상에 선정될 확률이 높아지기 때문입니다. 성실신고확인 주요 항목을 보면 주요 사업 내역 현황뿐 아니라 배우자나 자녀 등 특수관계인과 거래까지 꼼꼼하게 확인해야 합니다. 전체적으로 성실신고확인대상이 되면 이전보다 세금신고가 더 까다로워집니다. 이를 정리하면 다음 표와 같습니다.

신고 기간: 6월 말까지	일반적으로 종합소득세 신고는 5월 31일까지입니다. 그러나 성실신고확인대상 사업자는 1달이라는 기간을 더 줘서 6월 30일까지 신고·납부합니다.
성실신고확인비 용 세액공제	성실신고확인대상 사업자가 성실신고확인신고를 제대로 이행하면 그와 관련된 비용의 60%(120만 원 한도)를 세금에서 공제해줍니다.
의료비 등 세액공제	성실신고확인대상 사업자가 성실신고를 제대로 이행하면 일반 개인사업자는 받을 수 없는 의료비·교육비·월세 세액공제를 적용받을 수 있습니다.

개인사업자가 종합소득세 신고 시 비용으로 처리하기 위해서는 사업과 연관성이 있어야 합니다. 하지만 병원비는 사업과 직접적인 관련이 없으므로 비용으로 처리할 수 없습니다. 그러나 개인사업자 중 성실신고대상자라면 의료비 세액공제를 받을 수 있습니다. 본인을 포함한 기본공제대상자(나이와 소득의 제한을 받지 않음)를 위해 의료비를 지급한 경우에는 의료비 세액공제 대상 금액의 15%(미숙아 및 선천성 이상아를 위해 지급한 의료비는 20%, 난임 시술비에 대해서는 30%)에 해당하는 금액을 산출세액에서 세액공제가 가능합니다.

그리고 교육을 위해서 돈을 썼다면 교육비 세액공제를 받을 수 있습니다. 본인과 자녀 교육비의 15%에 해당하는 금액을 세금에서 공제합니다. 교육비로 사용했다고 해서 전부 공제를 받을 수 있는 건 아닙니다. 장학금을 받았다면 그만큼은 공제를 받을 수 없습니다.

　사용한 금액도 본인 교육비와 장애인 특수교육비라면 전액 공제가 가능하지만, 그 외 부양가족 교육비 한도는 다음과 같습니다.

<교육비 공제 한도>

구분	한도
대학생	1인당 연 900만 원
초등학교 취학 전 아동, 초·중·고등학생	1인당 연 300만 원
본인 교육비, 장애인 특수 교육비	한도 없음

법인전환은 성실신고대상자가
되기 전에 하자.

세알못 - 대체로는 법인전환을 하면 세무적으로 유리하다고 들었습니다. 개인사업자가 법인으로 전환하는 경우 세무적인 장점들은 무엇인가요?

택스코디 - 먼저 법인세 세율이 소득세와 비교해 세율이 낮아 소득에 대한 세금을 줄일 수 있습니다. 구간별 세율은 종합소득세는 6~45%, 법인세는 9~24%로 개인과 법인사업자의 세금을 비교하면 구간별 유불리는 있지만, 법인세율이 전반적으로 낮아 유리합니다. 소득세 과세표준이 1,400만 원 이하인 경우, 법인세보다 3% 우위에 있으나, 그 외 구간은 법인사업자의 법인세가 유리하며 최대 29%까지 세금 차이가 납니다. 다음 표를 참고합시다.

구간	개인사업자	법인사업자	세율 차이
1,400만 원 이하	6%	9%	3%
1,400만 원~5,000만 원 이하	15%	9%	−6%
5,000만 원~8,800만 원 이하	24%	9%	−15%
8,800만 원~1억 5천만 원 이하	35%	9%	−26%
1억 5천만 원~2억 원 이하	38%	9%	−29%
2억~3억 원 이하	38%	19%	−19%
3억~5억 원 이하	40%	19%	−21%
5억~10억 원 이하	42%	19%	−23%
10억~200억 원 이하	45%	19%	−26%
200억~3,000억 원 이하	45%	21%	−24%
3,000억 원 초과	45%	24%	−21%

그리고 법인대표는 자녀 또는 배우자에게 미리 지분 분배 등을 통해 상속과 증여가 수월하기도 하죠. 세무조사 측면에서도 비슷한 매출이라면 법인이 개인과 비교해 더 세무조사 대상으로 선정될 가능성은 낮아집니다.

세알못 - 법인전환이 불리한 경우는 무엇이 있나요?

택스코디 - 부가가치세 측면에서는 개인의 경우 업종에 따라서 신용카드 매출액에 대한 세액공제를 적용받을 수 있지만, 법인은 제외 대상이 될 수도 있어서 세금 부담이 늘어날 수 있으니 주의해야 합니다.

그리고 사업주가 비용처리를 하려면 직원들의 인건비를 신고해야 합니다. 인건비를 신고하면 4대보험이 의무적으로 부과되는데, 이를 피하려고 비용처리를 기피하는 경우들이 있습니다. 이런 경우라면 법인전환을 추천하지 않습니다. 특히 음식점이나 제조업, 건설업을 운영하는 경우 이런 유혹이 더 많은데, 이렇게 조건을 맞춰주지 않으면 직원을 구하기가 어려워서 사장님들이 부득이하게 인건비를 비용으로 처리할 수 없고, 결국 법인통장에서 돈을 출금해 직원에게 월급을 지급하는 경우들이 생깁니다.

이렇게 출금한 돈은 세법상 법인으로부터 빌린 돈인 '가지급금' 처리가 됩니다. 해당 금액에 대해서 대표는 법인에 이자를 내야 하고, 법인은 이자에 대한 법인세를 내야 하죠. 최악의 경우에는 법인으로부터 대표가 상여금을 받았다고 봐 소득세까지 추가로 내야 할 수도 있습니다.

법인은 엄연히 대표자와 다른 법으로 설립돼 개인과는 별개로 구분되기 때문에 아무리 사장님의 돈이라도 함부로 사용할 수가 없습니다. 비용으로 처리한 내역과 법인통장의 입출금 내역이 일치해야 하므로 이런 경우라면 여러 불이익으로 오히려 법인전환이 불리할 수 있습니다.

　꼭 법인이어야 할 이유는 없습니다. 매출이나 이익이 적은 사업자는 오히려 법인전환이 필요 없을 수도 있습니다. 특히 자금을 운용하는 측면에서는 개인이 유리할 수 있습니다.

　실무적으로 법인 자금을 인출해서 가지급금이 쌓이고 통장관리도 안 되어서 곤란해하는 경우를 종종 봅니다. 이런 사장님이 이익이 적어서 세율로 인한 절세 혜택조차 없다면 법인전환이 필요 없는 경우가 되겠죠.

　그리고 업종 특성상 리베이트비가 많이 지출되는 업종이 있습니다. 이런 업종이라면 자금 인출이 어려운 법인보다는 개인이 유리합니다. 이런 이유로 실무상 법인과 개인 둘 다 운영하는 경우가 많습니다.

　여기서 잠깐! 법인전환을 고민한다면 우선 사업연도 말보다는 연도 중에 전환하는 게 유리합니다. 고소득자가 개인사업자로 6개월은 소득세, 법인으로 6개월 법인세를 부담했다고 한다면, 둘을 합한 것이 개인사업자로 1년 치 소득세를 부담한 것보다 적기 때문입니다.

　사업이 성장하는 단계라면, 꼭 성실신고확인대상이 되기 전에 전환하는 게 유리합니다. 성실신고확인대상이 되면 좀 더 까다롭게 신고해야 하고, 이에 따라 높은 소득세를 부담해야 할 수 있습니다, 또한 과세당국의 집중 관리도 받게 되죠. 만약, 시기를 놓쳐 개인 성실신고확인대상이 된 후에 법인으로 전환하게 되면 법인 전환 후에도 3년간 성실신고확인서를 제출해야 합니다.

또 하나는 법인전환일과 부가가치세 신고기준일이 일치하는 시기에 법인전환을 하는 방법입니다. 법인전환으로 개인사업자를 폐업하면 개인사업자는 폐업 부가가치세 확정신고를 해야 하므로, 이 시기를 일치시키면 부가가치세 신고를 한 번만 하면 되니, 실무적으로 신고가 편리해지는 방법입니다.

권말부록

알쏭달쏭 알아두면
돈이 되는 세금 상식 20가지

다른 사람 이름으로
사업자등록을 해도 되나?

세알못 – 사업자등록을 다른 사람 이름으로 해도 되나요?

택스코디 – 다른 사람 이름으로 사업자등록을 하는 이유는 크게 두 가지입니다.

1. 세금을 적게 내기 위해서입니다.

SNS 마켓 사업자 대부분이 N잡러입니다. 부업으로 시작했다가 본업이 되는 경우도 많습니다. N잡러는 급여 등 타 소득과 합산해서 소득세 신고를 해야 합니다. 이 경우 소득이 합산해서 소득세를 많이 내게 됩니다. 그러나 단순히 소득세를 많이 낼 수도 있다는 이유로 명의를 빌려서는 안 됩니다. 본인 명의로 사업을 하면서 세금을 줄일 방법이 얼마든지 있습니다.

2. 본인 이름으로 사업자등록을 할 수 없어서입니다.

직장인의 경우 사규나 취업규칙에 겸업 금지 조항이 있다거나 혹은 국세 체납, 신용불량 등 특수한 상황 등 사업자임이 알려지면 곤란한 경우들 때문입니다. 실무적으로 이런 이유로 본인 이름으로 사업자등록을 할 수 없는 경우가 많습니다.

실질 사업자가 사업자등록을 하지 않으면, 명의대여로 법적 처벌을 받을 수도 있습니다. 상법 제39조 조세범처벌법 제11조 제2항에 의해 형사처벌 대상이 되며 1,000만 원 이하의 벌금형 처분을 받을 수 있습니다.

개인 사정으로 인해 다른 사람 이름으로 사업자등록을 하는 경우도 가끔 보게 됩니다. 명의를 빌려주는 사람 대부분은 친한 사이여서 거절하지 못하고 명의 사용을 허락합니다. 그러나 명의를 빌려 간 사람이 세금신고를 하지 않거나 납부하지 않으면 모든 세금은 명의를 빌려준 사람에게 돌아갑니다. 그렇게 되면 금전적인 손해뿐만 아니라 법적인 처벌도 받을 수 있습니다. 아무리 친한 사이라도 명의를 빌려달라고 청하지도 말고 빌려줘서도 안 됩니다.

세알못 – 친구 명의에서 제 명의로 사업자를 변경하려고 하는데, 세무서 가서 신청하면 되나요?

택스코디 - 개인사업자는 명의변경이라는 개념이 없습니다. 전 사업자는 폐업하고, 현 사업자는 신규로 사업자등록을 해야 합니다.

같은 사업자 번호가 유지되면서 대표자만 바뀌는 걸 명의변경이라고 합니다. 개인사업자는 명의변경제도를 이용할 수 없습니다. 단 다음 두 가지 경우에는 예외적으로 가능합니다.

1. 대표자의 사망 등으로 상속이 일어나는 경우 - 사업자 번호는 그대로 유지하면서 상속인이 대표자로 바뀔 수 있습니다.
2. 명의위장 사업자의 실사업자 과세 - 사업자 번호가 그대로 유지되면서 명의상 사업자에서 실제 사업자로 대표자가 바뀝니다. 세무서가 직권으로 처리하는 경우입니다.

여기서 잠깐! 같은 사업자 번호를 이용하기 위해 편법으로 이용되는 방법이 있습니다. A 명의로 운영되는 사업체에 동업계약서를 작성하여 A, B가 공동대표가 됩니다. 그리고 A가 공동대표에서 빠집니다. 그러면 B가 단독대표자가 됩니다.

매출도 없는데,
사업자등록을 해야 하나?

세알못 – 매출도 발생하지 않았는데, 바로 사업자등록을 해야 하나요?

택스코디 – 매출 발생과 상관없이 사업개시일부터 20일 이내에 사업장 관할 세무서장에게 사업자등록을 해야 합니다. 사업자등록을 하지 않으면 미등록가산세로 매출액의 1%를 부담하게 됩니다.

사업을 결정했다면 바로 사업자등록을 신청하는 게 좋습니다. 사업자등록을 하지 않으면 사업자등록증이 없으므로 사업자등록 전 지출한 매입세액을 공제받지 못하게 됩니다. 매입세액은 부가가치세 신고 때 납부해야 할 부가가치세에서 공제하고, 매입세액이 매출세액보다 많으면 환급받을 수 있습니다.

처음 사업을 시작하면 사무실 인테리어, 비품, 임대료 등 각종 지출이 발생하게 됩니다. 이때 신용카드로 결제하거나, 세금계산

서를 발급받게 됩니다. 지출한 금액에는 매입 부가가치세가 포함

되어 있습니다. 부가가치세를 매입세액공제 받으려면 사업자등

록증이 꼭 있어야 합니다.

세알못 – SNS 마켓을 하고 있습니다. 거래 건수가 한 달에 5건도 안 되

고 거래금액도 30만 원도 안 되는데, 사업자등록을 꼭 내야 하나요? 사

업자등록을 안 하면 어떻게 되나요?

택스코디 – 초보 사업자 대부분은 '설마 팔릴까?' 하는 생각으로 부업

을 시작하는 경우가 많습니다. 거래 건수와 금액이 적더라도 영리를

목적으로 물건을 판매하거나 구매 알선 수수료를 받았다면, 사업개시

일 20일 이내에 사업자등록을 해야 합니다. 사업자등록을 안 하면 다

음과 같은 가산세가 발생합니다.

사업자 미등록가산세	사업개시일로부터 미등록 사실이 확인되는 날의 직전까지 공급가액 합계액의 1%에 상당하는 금액을 가산세로 내야 합니다.
부가가치세 신고불성실가산세	부가가치세를 신고하지 못해서 내야 하는 무신고가산세는 무신고 납부세액에 대해 20%를 내야 합니다.
부가가치세 납부불성실가산세	부가가치세를 납부하지 못한 납부불성실가산세도 내야 합니다. 미납세액이 10만 원일 경우 하루 2,200원의 납부불성실가산세를 내야 합니다.

사업자등록을 하지 않으면 이렇게 세무적으로 여러 가지 불이

익을 받게 됩니다. 부가가치세뿐만 아니라 소득세 측면에서도 여러 가지 가산세를 내야 할 수도 있습니다. 사업자등록을 하면 무조건 세금을 많이 내야 하지 않을까? 걱정하는 예비사업자를 자주 접합니다. 그러나 세금을 전혀 내지 않는 때도 많습니다. 세금은 아는 만큼 줄일 수 있습니다.

샵인샵 세금,
이것이 궁금하다.

여러 장점이 있으므로 샵인샵(Shop in shop)은 계속해서 인기를 끌고 있습니다. 업종 추가를 통해 오프라인 가게를 샵인샵 형태로 운영하게 되면 비싼 월세 부담을 줄일 수 있고, 운영이 잘되고 있는 가게의 자투리 공간을 빌려 고객을 쉽게 확보할 수가 있습니다. 샵인샵, 말 그대로 하나의 가게 안에 또 다른 가게를 연다는 뜻입니다. 쉽게 볼 수 있는 찜질방 속 식당, 미용실 안의 네일샵도 이런 샵인샵 형태로 운영되는 곳들입니다.

온라인을 통한 샵인샵 운영은 하나의 사업자를 가지고 배달 플랫폼 등을 통해 여러 개의 매장을 운영하는 걸 말합니다. 사업자등록을 추가로 하지 않아도 다수의 가게를 배달 플랫폼에 입점하기 쉽고 각종 부대 비용을 아낄 수 있다는 장점이 있습니다.

간혹 샵인샵을 시작하면서 샵인샵 사업자는 사업자등록과 세금신고를 하지 않아도 된다고 생각하는 사람들이 있습니다. 매출이 일정하지 않을 때, 임대인으로부터 전대 동의나 관공서로부터 인허가를 받지 못하는 상황에 있을 때, 그리고 세금납부를 피하고 싶을 때 대개 사업자등록과 세금신고를 회피합니다.

세알못 – 지인이 카페를 운영하고 있는데, 그 안에 작은 소품샵을 열어볼까 합니다. 이 경우 어떤 절차가 필요할까요?

택스코디 – 샵인샵 형태의 사업을 운영하려면 해당 사업을 실제로 운영하는 곳에 사업자등록을 해야 합니다. 상가 건물주에게 소품숍 전대에 대한 동의를 구하고 전대차 계약서를 받아야 해당 소재지에서 사업자등록을 할 수 있습니다. 이렇게 사업자등록 절차만 마치면, 지인 카페에서 소품샵을 운영하는 것에 별도의 제약은 없습니다.

세알못 – 부득이한 사정(겸직 금지, 신용불량 등)으로 사업자등록을 못 하는 상황인데요. 이런 상황에서 샵인샵을 하고 싶을 때는 어떻게 해야 하나요?

택스코디 – 이런 경우는 사업자등록 없이 공간을 빌려주는 사업자(전대인)로부터 정산받은 이익에 대해 3.3%를 원천징수한 사업소득을 지급하는 방식을 취하면 됩니다. 다만, 사업자등록을 하지 않는 경우 적격증빙(세금계산서, 지출증빙용 현금영수증)을 받는 데 있어 필연적으로 어려움이 발생합니다. 그러므로 웬만하면 사업자등록을 할 것을 권합니다.

3.3%를 원천징수하는 방식을 취하면 일종의 프리랜서가 되는 겁니다. 프리랜서는 부가가치세법상 면세사업자에 해당하므로 부가가치세 신고업무가 없습니다. 따라서 5월에 종합소득세 신고만 진행하면 됩니다.

종종 비사업용 단말기를 사용하는 경우들도 있습니다. 매출 신고를 제대로 하면 합법이지만 보통은 세금을 피하려고 비사업용 단말기를 사용하는 경우가 많습니다. 이렇게 하더라도 결국 나중엔 신고당할 확률이 높아 비사업용 단말기를 사용하더라도 꼭 세금신고를 하는 것을 권합니다.

세알못 – 족발집을 운영하는 사업자가 배달의 민족, 요기요 등 배달 플랫폼에 추가로 분식집을 등록해 운영하는 경우, 사업자등록을 또 따로 내야 하는 건가요?

택스코디 – 그렇지 않습니다. 동일인이 운영한다면 하나의 사업자등록증으로 운영 가능합니다. 다만 동일인이 아닌 다른 사람이 샵인샵의 형태로 식당을 운영하려면, 원칙적으로 사업자를 따로 내고 주방을 구분해 영업허가증을 받고 운영을 해야 합니다. 그러나 2020년 12월 29일 규제 샌드박스 승인으로 식품법이 개정돼 가이드라인을 준수하면 구획 구분 없이도 주방을 공유해 사용하는 게 가능해졌습니다.

업종코드가 중요한 이유는?

사업 종류는 셀 수도 없이 많습니다. 과세당국은 이런 사업을 비슷한 종류별로 분류해 관리합니다. 예를 들어 음식점은 음식점 끼리 구분해 평균을 내고, 제조업은 제조업끼리 모아서 평균을 냅니다. 그리고 각각 사업 종류에 따라 6자리 번호를 부여해 관리하는데, 바로 이것이 업종코드입니다. 예를 들어 제과점업 업종코드는 552301, 제과 도매 업종코드는 512244, 빵류 제조업 업종코드는 154104입니다.

세알못 - 왜 이런 식으로 업종코드를 만들어 관리하나요?

택스코디 - 업종코드가 중요한 이유는 국세청에서 이 업종코드를 기준관리하며, 이 업종 경비의 평균을 정해 놓았기 때문입니다. 앞서 배운 경비율 기억나죠? 사업자가 장부를 작성하지 않았을 때나 국세청에서 세금을 부과할 때 이 경비율을 사용합니다. 쉽게 말해, '제과점에서 1억 원을 벌면 원가가 얼마겠구나'를 일종의 통계로 만들어 놓은 것이라고 보면 됩니다.

예를 들어 1억 원의 매출이 있다고 할 때 국세청에서 정한 경비율이 80%라고 한다면, 비록 기록하지는 않았지만 1억 원의 매출을 위해서 8천만 원(1억 원 × 80%) 정도 경비로 들어간다고 판단하고, 남은 이익은 2천만 원이라고 여겨 2천만 원에 대한 세금을 내게 됩니다. 그러므로 경비율이 높을수록 세금을 적게 내게 됩니다.

하지만 실제 매출에 맞게끔 신고해야 합니다. 도매업 경비율이 높다고 해서 도매로 벌어들인 매출이 아닌데도 도매업 경비율을 적용해 수입으로 신고하면 탈세가 될 수 있으니 주의해야 합니다. 또한, 업종코드는 주업종과 부업종으로 구분해, 둘 이상으로도 신고 가능합니다.

홈택스에서 본인 사업과 관련된 내용을 검색하면 업종코드와 이에 따른 경비율을 확인할 수 있습니다. 사업의 내용에 따른 업종을 어떠한 것으로 신고하느냐에 따라서 다음과 같이 소득금액의 차이가 있습니다. 다시 말해 경비율이 높은 업종코드로 선택하면 소득세를 줄일 수 있습니다.

〈1억 원 매출에 대해 장부 기록을 안 했을 경우〉

	제과점업 552301	제과 도매 512244	빵류 제조업 154104
매출액	1억 원	1억 원	1억 원
경비율	89.9%	95.1%	90.2%
(추정) 경비	8,990만 원	9,510만 원	9,020만 원
(추정) 이익	1,010만 원	490만 원	980만 원

참고로 사업자등록증에는 해당 사업의 업태와 종목이 표시됩니다. 하지만 최근에는 새로운 형태의 업종이 계속 발생하는 상황이므로 사업자등록증에 업태와 종목 표시가 원하는 대로 적혀 나오지 않을 수 있습니다. 각각 사업 성격상 사업자등록증에 표시되어야 하는 업태와 종목 문구가 정해져 있다면 사업자등록신청 시 잘 적어야 합니다. 세무서를 직접 방문하는 경우에는 담당자에게, 홈택스를 이용해 신청하는 경우에는 업종설명란에 원하는 내용을 잘 적어서 본인이 원하는 업태와 종목의 명칭이 적힌 사업자등록증을 발급받으면 됩니다.

업종 추가할 때,
이것 꼭 알아두자.

　사업자등록을 할 때, 반드시 업종을 선택해야 합니다. 한 가지 업종을 선택해도 되고, 복수의 업종을 선택해서 등록할 수도 있습니다. 그런데 사업자등록을 하고 경영을 하다 보면, 새로운 업종을 또 추가해야 하는 상황이 올 수 있습니다. 유사업종을 추가할 수도 있고, 전혀 다른 업종의 일을 하고 싶을 수도 있습니다.

세알못 – 사업자등록 시 당장 하지 않을 업종까지 추가해도 되나요?

택스코디 – 사업자등록을 할 때, 사업으로 영위할 업종에 대해 주업종과 부업종을 등록하게 됩니다. 따라서 향후 진행할 업종을 부업종으로 보고 추가할 수도 있습니다. 업종 추가에 대한 정해진 제한도 없습니다.

하지만, 당장 진행하지 않는 업종은 굳이 추가하지 않는 것이 바람직

합니다. 각각의 업종마다 인·허가증, 자격증, 계약서 등이 요청되는
등 업종 추가가 제한될 수 있기 때문입니다.

또한, 하나의 사업자 번호에는 하나의 업종이 적합합니다. 각종
감면 적용 여부, 경비 구분, 그리고 사업포괄양수도 판단 시 명확
하기 때문이죠.

만약, 하나의 사업자 번호에 여러 개의 업종코드를 등록하고 관
리하는 경우에는 해당 부분에 대한 사전에 명확한 정리 및 내부
관리가 이루어져야 한다는 점에 주의해야 합니다.

세알못 – 업종을 추가하면 세무대리비용도 더 추가되나요?

택스코디 – 네. 업종 추가 시 세무대리비용이 추가로 발생할 수 있습
니다.

예를 들어 도소매업과 제조업을 겸업하는 경우 전체 매출을 도
소매 매출과 제조업매출로 구분하고, 각각 경비도 따로 집계해야
합니다. 이렇게 정리한 경비를 바탕으로 제조업의 경우는 제조원
가 명세서를 별도로 구분 작성해야 하는 등 업종구분에 대한 추
가적인 업무가 발생하게 되고, 이에 따른 세무대리 추가 수수료도
발생하게 됩니다.

세알못 – 업종 변경 시 주의해야 할 사항이 있나요?

택스코디 – 업종을 변경하는 경우 세금신고에 대한 주의사항들이 있으니 꼭 확인해 봐야 합니다.

부가가치세 신고는 전체매출액에 각각 업종에 대한 매출을 구분 표기해야 합니다. 업종이 변경됐음에도 기존 업종코드로 부가가치세 신고가 이루어졌다면, 변경된 업종코드로 부가가치세 신고서를 수정해서 제출해야 합니다. 이는 세법에서 각각의 업종에 대한 각종 장부작성기준, 세액감면, 세액공제 등이 다르고 다양한 영향을 미치기 때문입니다.

세알못 – 주된 업종과 부수되는 업종은 어떻게 구분해야 하나요?

택스코디 – 주업종과 부업종의 구분은 수입금액이 큰 부분을 주업종이라고 판단하면 쉽습니다. 만약 처음 사업자등록을 할 때 부업종으로 신고를 한 업종이지만, 추후 실제 매출액이 더 커지면, 부업종이 주된 업종이 되는 구조입니다.

주업종의 구분은 세무신고 시에 특히 중요한 기준이 됩니다. 여러 가지 업종을 겸업하고 있는 경우, 장부작성기준이나 성실신고 판단, 추계신고 시 단순경비율 적용 등의 기준금액을 주업종 기준으로 보기 때문입니다.

이때 부업종의 금액을 주업종 기준으로 환산하게 됩니다. 그렇게 환산한 금액을 주업종의 매출에 가산해서 각종 판단의 기준이 되는 금액을 산정한다는 것에 유의해야 합니다.

세알못 – 과세업종과 면세업종을 겸하는 경우 주의할 점은 무엇인가요?

택스코디 – 과세사업과 면세사업을 하나의 사업자 번호로 운영하게 되면, 공통으로 매입한 부분의 매입세액공제를 할 때, 안분 문제가 발생할 수 있습니다.

예를 들어 과세 물품과 면세 물품을 판매하는 도소매업자라면 각각의 과세매출과 면세매출에 명확하게 귀속되는 세금계산서와 계산서를 해당 매출에 대응해서 공제 및 불공제를 판단하죠. 다시 말해 과세물품 매출에 대한 매입세금계산서는 전액 공제, 면세매출과 관련된 매입세금계산서는 전액 불공제됩니다.

그런데 세무회계 수수료, 사무실 임차료, 전기료, 일반관리비, 광고선전비 등 과세매출과 면세매출에 대해 '공통' 사용으로 발생하는 매입세액은 그 구분이 불분명합니다. 이때는 과세매출과 면세매출의 공급가액을 기준으로 안분을 해서 과세매출에 대응하는 매입세액은 공제, 면세매출에 대응하는 매입세액은 불공제해야 합니다.

세알못 – 간이과세로 시작했다가 일반과세 업종을 추가한다면 어떻게 되나요?

택스코디 – 간이과세자가 일반과세자 업종을 추가하는 경우 간이과세 포기신청서를 제출해야 할 수 있습니다. 간이과세 포기신청서를 제출하는 경우에는 일반과세자 적용이 되기 전까지는 간이과세자로 부가가치세 신고를 하면 됩니다. 일반과세자로 적용되는 과세기간부터는 일반과세자로 부가가치세를 신고하면 됩니다.

개인사업자로 시작할까?
법인사업자로 할까?

사업 형태가 무조건 개인이 좋다거나 법인이 좋다고 단정 지을 수 없습니다. 서로 장단점이 있기 때문입니다.

<u>세알못 – 그럼 개인사업자가 좋은 경우는 언제인가요?</u>

택스코디 – 개인으로 사업을 시작하는 것이 좋은 경우는 다음과 같습니다.

1. 세금 부담이 얼마 되지 않을 때

세금 부담이 크지 않을 때는 굳이 법인을 선택할 이유가 없습니다. 법인의 장점을 살릴 수 없을뿐더러 절차가 복잡해지고 관리비용만 증가하기 때문입니다. 다음 표를 참고합시다.

<개인과 법인 관리비용 차이>

구분	개인	법인	비고
장부작성	간편장부, 복식장부	복식장부	
주식변동상황신고	없음	있음	위반 시 가산세 1% 등
대표이사 보수 한도	해당 사항 없음	있음	위반 시 법인세와 소득세 추징

2. 자금 사용에 대한 규제를 받고 싶지 않을 때

개인은 사업용 계좌를 사용하더라도 그 계좌에서 생활비 등을 마음대로 찾을 수 있습니다. 하지만 법인은 그렇지 않습니다. 법인 계좌에서 출금하는 것은 근거가 있어야 하기 때문입니다. 다음 표를 참고합시다.

<개인과 법인 자금 사용에 대한 차이>

구분	개인	법인
계좌 종류	사업용 계좌	법인 계좌
생활비 인출	가능	불가
무단 인출 시 법적인 제재	없음	가지급금, 횡령 등

3. 사업체를 물려줄 이유가 없을 때

법인으로 사업을 시작하는 이유 중 하나는 사업을 한껏 키워 이를 자녀 등에게 승계시켜 주기 위해서입니다. 하지만 사업 규모나 내용으로 보건대 승계가 필요 없는 경우는 굳이 법인으로 할 이유가 없습니다.

세알못 – 그럼 법인으로 시작하면 좋은 경우는요?

택스코디 – 다음과 같은 상황에는 법인으로 사업을 시작하는 것이 유리합니다.

소득세가 많을 때	법인을 선호하는 이유 중 가장 큰 것이 바로 법인세가 소득세보다 낮아서입니다. 법인세는 9~24% 정도가 부과되지만, 개인소득세는 6~45%까지 부과되어 2배 이상 차이가 나기 때문입니다. 물론 법인은 2차적으로 배당을 할 때 배당소득세가 추가되지만, 이를 고려해도 세율 차이는 무시할 수 없습니다. 특히 소득이 높은 프리랜서들(연예인이나 유튜버, 고소득 강사나 보험설계사, 컨설턴트 등)은 높은 소득세율이 적용되어 법인의 필요성이 더 커집니다.
비용처리 폭을 넓히고 싶을 때	개인사업자는 대표자의 인건비를 비용으로 처리하지 못합니다. 하지만 법인은 대표이사 급여가 인정되고 개인사업자와 비교해 비용처리가 쉬운 측면이 있습니다.
사업체를 안정적으로 물려주고 싶을 때	개인은 영속성이 약하므로 사업체를 체계적으로 인수하기가 힘든 측면이 있습니다. 이에 반해 법인은 단일화된 조직체로 되어있고, 그 상태에서 주식을 인수하면 바로 경영권이 확보되므로, 대물림이 비교적 쉽게 이뤄집니다.

증빙을 잘 챙기는
습관을 만들자

분명 사업과 관련된 일인데도, 시간이 지난 후에는 기억이 잘 나지 않습니다. 따라서 장부에 기록하는 습관이 중요합니다. 몇 년이 지난 뒤에 세무서에서 관련 자료 요청을 하거나, 세무조사를 받게 되면 장부에 잘 기록해둔 내용이 생각지도 못한 큰 힘이 될 수 있습니다. 계좌이체를 한다면 인터넷 뱅킹 시 메모 기능을 이용해 이체 내용을 기록해두면 좋습니다.

세알못 - 법에서 말하는 증빙을 잘 챙긴다는 게 어떤 건가요?

택스코디 - 과거에는 영수증을 일일이 챙기거나 세금계산서를 발급받는 등 과정이 생각보다 귀찮고 복잡했습니다. 하지만 요즘 같은 디지털 시대에는 다음 내용만 기억하고 있으면 쉽고 간단하게 증빙서류를 챙길 수 있습니다.

사업용 신용카드를 사업자등록과 동시에 홈택스에 등록해놓으면 부가가치세액 매입세액공제 시 필요한 모든 정보가 제공되기 때문에 자료 부족으로 불이익을 받을 위험이 없어집니다. 간편한 등록 절차를 통해 누락 없이 부가가치세 매입세액을 공제받을 수 있는 아주 간단한 방법이죠. 다만 사업용 신용카드를 등록하는 절차에서 사업자들이 자주 저지르는 몇 가지 실수가 있습니다.

- 사업용 신용카드에서 조회가 가능한 내역은 사업용 신용카드를 등록한 이후의 내역으로 제한된다.

다시 말해, 늦게 등록하면 그 전 거래 내역은 조회할 수 없습니다. 이렇게 사업용 신용카드를 개업 후 뒤늦게 등록했다면 카드사 홈페이지 혹은 카드사에 문의해 부가가치세 신고용 엑셀 자료의 형식으로 받아 홈택스 신고 때 활용해야 합니다. 만약 해당 부분이 누락되면 매입자료가 부족해 세금폭탄의 위험을 질 수 있습니다.

• 사업용 신용카드 등록 여부 확인하자.

홈택스에 카드 등록 절차를 거쳤지만, 간혹 홈택스 오류 혹은 정보 입력 실수로 인해 카드 등록에 실패한 경우들이 있습니다. 이런 경우에는 '본인확인불일치'라는 문구와 함께 사업자가 등록한 카드가 조회되지 않습니다.

이 경우에도 앞선 경우와 마찬가지로 카드사로부터 엑셀 자료를 받아 신고에 활용해야 합니다. 따라서 등록 절차를 거쳤더라도 홈택스에 다시 한번 접속해 제대로 등록이 되어있는지를 확인해야 합니다.

세알못 - 일반과세 사업자입니다. 식자재 구매 시 사업용 카드를 사용하는데, 마침 카드를 놓고 와서 자녀 이름의 카드로 사업용 식자재를 매입했습니다. 영수증은 있는데, 이걸 업로드해도 되나요?

택스코디 - 가족 명의의 신용카드 매출전표를 발행받은 경우라도 사업자의 사업을 위해 사용됐거나 사용될 재화 또는 용역의 공급에 대한 세액임이 객관적으로 확인되면 공제대상이 됩니다. 아울러 부가가치세 신고 시에는 해당 매출전표의 매입세액공제에 대해 신용카드매출전표 등 수령명세서 서식에서 '⑧그 밖의 신용카드 등'에 써넣으면 됩니다.

부가가치세 신고납부는 자진 신고 절차를 통해 진행되므로 누락 부분에 관한 피해는 오롯이 신고자의 몫입니다.

사업용 신용카드 등록을 부가가치세 신고할 때, 빠뜨리면 종합소득세 신고·납부 때까지 누락되어 영향을 미치기 때문에 단순하지 않습니다. 결국, 부가가치세 공제뿐만 아니라 필요경비로도 제외되어 소득세가 과다하게 납부될 위험이 있으니 주의해야 합니다.

이것,
모르면 부가세 폭탄 맞는다.

세알못 – 식당을 운영하고 있습니다. 최근 부가가치세 신고를 앞두고 예상세액을 확인하다 깜짝 놀랐습니다. 작년 하반기 매출이 1년 전과 비교해 30%가량 줄었는데도, 오히려 부가가치세가 더 많이 나왔기 때문입니다. 그 이유는 오픈마켓 등에서 구매한 식자재와 부자재 등의 지출 내역이 부가가치세 신고 시 공제되지 않아서였습니다.

택스코디 – 앞으로 오픈마켓과 판매(결제) 대행업체 결제 내역을 꼼꼼히 확인하지 않으면 세알못 씨처럼 부가가치세 폭탄을 맞을 수 있습니다.
과세당국이 2024년(2023년 3분기분)부터 부가가치세 신고 시 오픈마켓과 결제 대행업체 결제 내역을 '공제대상'에서 '선택불공제'로 바꿨기 때문입니다.

세알못 – 선택불공제란 무엇을 말하는 건가요?

택스코디 – 선택불공제란 일단 업무와 무관한 비용으로 간주하고, 사업 용도로 사용한 경우에 공제로 변경처리가 가능한 항목입니다. 다시 말해 자동공제 대상서 제외돼 납세자가 공제대상임을 일일이 입증해야 한다는 의미입니다.

제도 변경(자동공제 → 선택불공제)한 이유는 판매자 정보가 불분명한 데다 판매(결제) 대행업체는 판매자가 부가가치세 간이과세자이거나 면세사업자이면 공제를 받으면 안 되는데도 공제를 받은 뒤 나중에 과소세액을 추징받는 경우가 자주 발생해서입니다.

직전 신고까지만 해도 사업용 신용카드의 사용 내역을 국세청이 판단해 공제 · 불공제 여부를 결정했지만, 이제는 모두 불공제 처리합니다. 개별 납세자는 선택불공제로 분류된 지출 내역에 대한 증빙자료를 일일이 준비해 소명해야 공제 혜택을 받을 수 있습니다. 2024년부터 부가가치세 신고대상자는 반드시 공제와 불공제 내역을 꼼꼼하게 확인할 필요가 있습니다.

부가가치세는 사업자에게 있어 뗄 수 없는 세금이지만 부가가치세를 왜 납부해야 되는지 잘 모르는 경우가 많습니다. 부가가치세란 물건이나 용역 소비의 부가가치(이윤)에 부과되는 세금으로 대표적인 간접세 (세금의 납세자와 부담자가 다른 세목)에 속합니다. 부가가치세의 납부자는 사업자가 아닌 소비자입니다. 원칙적으로 사업자는 본인의 제품에 10%의 부가가치를 소비자로부터 징수해야 합니다.

　반면 부가가치세의 납세의무자는 사업자입니다. 부가가치세법에서 사업자란 '영리, 비영리와 관계없이 물건 및 용역을 계속해 공급하는 자'를 뜻합니다. 따라서 일회성 개인 거래인 중고거래 등은 부가가치세 납세의무가 발생하지 않습니다.

　부가가치세는 매출세액에서 매입세액을 뺀 나머지를 내는 개념입니다. 따라서 매입세액이 커지면 커질수록 내야 할 부가가치세는 낮아지고, 반대로 작아지면 내야 할 부가가치세는 커집니다. 부가가치세가 공제된다는 의미는 매입세액의 항목에 추가된다는 겁니다. 부가가치세의 경우 사업상 필요에 따라 발생한 부가가치세는 공제받을 수 있습니다. 하지만, 사업에 사용했다 하더라도 접대비나 면세사업자에게 매입한 비용 등은 공제받을 수 없습니다. 부가가치세 매입세액공제요건은 다음과 같습니다.

<매입세액 공제요건>

① 사업과 관련된 매입

② 과세자산을 매입 후 사업에 사용

③ 필요 증빙(세금계산서, 신용카드 매출전표, 현금영수증 등)을 수취

할 것

④ 세금계산서 합계표 등을 제출

부가가치세의 매입세액은 법인세나 소득세법에서 이야기하는 비용(손금, 필요경비)과 유사하나 각 법에서 정의한 비용의 범위가 다릅니다. 예를 들어 법인세나 소득세에서는 영업용 승용차의 경우 연간 1,500만 원 범위에서 비용을 인정해주는 제도가 있지만, 부가가치세법상에서는 승용차 관련 매입세액을 인정해주지 않습니다.

홈택스에 사업용 신용카드를 등록한 사업자라면 홈택스에서 부가가치세 신고를 할 때 자동으로 공제, 불공제가 반영됩니다. 하지만, 해당 항목은 자동으로 분류되는 만큼 정확하게 반영되어 있지 않습니다. 같은 항목임에도 어떤 항목은 공제, 어떤 항목은 불공제로 나타나게 됩니다. 이런 사항들은 신고자가 내역을 확인한 후 스스로 바꿔야 합니다.

다시 강조하지만, 쿠팡이나 11번가 등 유통 플랫폼에서 매입한 상품들은 선택불공제로 바뀌었으니 이런 부분을 신고할 때 특히 주의해야 합니다.

면세 물품에 대해서도
매입세액공제를 받을 수가 있다.

세알못 – 의제매입세액공제가 무엇인가요?

택스코디 – 음식점과 같은 업종은 부가가치세가 면세인 농·축·수산물을 주로 떼오다 보니 나중에 공제할 매입세액이 없고, 따라서 내야할 부가가치세에 대한 부담이 상대적으로 더 큽니다. 그래서 면세품목의 매입 비중이 높은 사업자들에게는 면세품을 매입했을지라도 일정액만큼은 부가가치세를 냈다고 쳐(의제)주는 세제 지원을 하고 있습니다. 바로 의제매입세액공제입니다.

일정 요건을 갖추면 면세 물품에 대해서도 부가가치세 신고 시 매입세액공제를 받을 수가 있습니다. '의제매입세액공제'란 최종 소비자가 아닌 과세사업자가 면세 재화를 매입하여 가공 후 판매하는 경우, 해당 면세 물품에 대해 매입금액의 일정 부분을 공제해주는 것을 말합니다. 의제매입세액공제는 면세 매입금액에 일정 비율의 의제매입세액공제율을 곱해서 계산합니다. 다만 업종별, 사업자 규모별로 그 비율은 좀 다릅니다. 기본적으로 2%에 좀 못 미치는 2/102(약 1.96%)를 곱합니다. 음식점업의 경우 법인은 6/106(약 5.66%), 개인은 8/108(약 7.41%)을 적용하고, 개인 음식점업 중에서도 반기 매출이 2억 원 이하이면 9/109(약 8.26%, 2026년 12월 31일까지 적용)를 곱합니다.

또 제조업 중에서 과자점업, 도정업, 제분업, 떡방앗간 등의 개인사업자는 6/106, 그 밖의 제조업 개인사업자는 4/104(약 3.85%)를 곱해서 공제액을 계산합니다. 다음과 같습니다.

구분		공제율
음식점업	반기 매출 2억 원 이하 개인사업자	9/109
	반기 매출 2억 원 초과 개인사업자	8/108
	법인사업자	6/106
제조업	1. 과자점업, 도정업, 제분업, 떡방앗간을 운영하는 개인사업자	6/106
	2. 1을 제외한 개인사업자 및 중소기업	4/104
	그 외	2/102
기타 업종	과세유흥장소 및 그 외 업종	2/102

그리고 의제매입세액 공제액에는 업종별로 한도가 있습니다. 법인사업자는 매출액의 최대 50%, 개인사업자는 55%~75% 사이에서 식재료 등의 면세 재화 매입비용에 대해 다음과 같이 매입세액공제를 받을 수 있습니다. (2025년 12월 31일까지 적용 한도, 기존 한도율 보다 10%가 더 늘어납니다.)

구분	과세표준(반기 매출액)	음식점	그 외 업종
개인사업자	1억 원 이하	65% → 75%	55% → 65%
	1억 원 초과~2억 원 이하	60% → 70%	
	2억 원 초과	50% → 60%	45% → 55%
법인사업자		40% → 50%	

예를 들어 개인음식점을 하는 A씨가 부가가치세 과세기간인 6개월간 면세품인 채소와 생선, 육류 등을 3,000만 원어치를 사들여 장사했다고 가정합시다.

실제 A 씨는 매입액 3,000만 원에 대한 부가가치세 부담이 없었지만, 3,000만 원의 75%인 2,250만 원의 약 8.26%(9/109)인 186만 원을 매입할 때 부담한 세액으로 인정받아 공제할 수 있습니다.

의제매입세액공제를 받기 위해서는 면세 물품을 매입했다는 증거가 되는 증빙이 꼭 필요합니다. 부가가치세가 없는 면세 물품을 거래했기 때문에 세금계산서가 아닌 계산서가 필요합니다. 현금으로 거래했다면 현금영수증, 혹은 카드매출전표 등 매입 사실이 확인되는 증빙을 꼭 챙겨둬야 합니다.

참고로 부가가치세 신고를 간편하게 하는 간이과세자들의 경우 의제매입세액공제를 받을 수 없습니다. 의제매입세액공제는 공제율과 공제 한도, 공제대상 등 규정이 자주 바뀌기 때문에 달라지는 내용에 대해 수시로 확인할 필요가 있습니다.

팁을 받으면 탈세라고?

세알못 – 팁을 받으면 탈세인가요?

택스코디 – 세법에서 규정하고 있는 '봉사료'의 요건을 지키면 탈세에 해당하지 않습니다. 부가가치세법은 '봉사료'라는 개념으로 종업원이 받는 팁을 인정하고 있기 때문입니다.

먼저 계산 과정에서 팁을 결제할 때, 사업주가 종업원에게 팁을 지급하면 부가가치세 납부대상이 아닙니다. 이때 사업주는 종업원에게 팁을 지급했다는 내역을 작성해야 합니다.

부가가치세법 시행령에서도 사업자가 음식, 숙박, 개인 서비스 등을 공급하고 그에 대해 대가와 봉사료를 각각 지급한 사실이 확인되면 봉사료는 사업주의 공급액에 포함하지 않는다고 명시하고 있습니다.

반면 종업원에게 팁을 돌려주지 않으면 사업주 본인의 수입금액에 포함해 부가가치세를 내야 합니다. 결국, 팁을 받고 종업원에게 돌려주지도 않고, 사업자 본인의 매출에도 포함하지 않으면 탈세에 해당한다고 할 수 있습니다.

한편 국세청은 팁을 활용해 의도적으로 조세 회피를 한 의도가 드러나면, 다시 말해 종업원에게 팁을 준 것으로 위장해서 수입금액을 누락해 의도적으로 세금을 줄이면, 이에 대한 세금을 추징하고 있습니다.

봉사료는 사업자의 공급 대가와는 별도로 종업원의 언행, 친절, 배려 같은 용역 대가로 종업원에게 직접 귀속시켜야 합니다.

세알못 - 유흥음식점을 운영하고 있습니다. 종업원이 팁(봉사료)을 받는 경우가 있는데, 손님이 종업원에게 직접 봉사료를 지급하면 사업자는 음식값만 매출로 신고하면 된다는 말로 이해했습니다. 그런데 음식값과 봉사료를 합한 전체 금액을 신용카드로 결제하면 어떻게 해야 하나요?

택스코디 - 그럴 때 사업자가 종업원이 받은 봉사료에 대해 부가가치세를 내는 경우가 발생할 수 있습니다. 따라서 종업원에게 지급한 봉사료에 대해 세무상 처리방법을 정확히 알고 있어야 합니다.

사업자가 음식·숙박 용역이나 개인서비스 용역을 공급하고 그 대가와 함께 받는 종업원의 봉사료를 세금계산서·영수증 또는 신용카드매출전표 등에 그 대가와 구분하여 기재한 경우로서 봉사료를 해당 종업원에게 지급한 사실이 확인되는 경우 그 봉사료는 부가가치세 과세표준에 포함하지 않습니다.

즉, 종업원에게 지급한 봉사료는 사업자가 세금을 내지 않아도 됩니다. 다음 요건을 모두 갖춰야 합니다.

1. 음식업, 숙박업 및 개인서비스업의 경우 용역의 대가와 함께 받는 종업원의 봉사료를 과세표준에서 제외할 수 있다.
2. 세금계산서·영수증·신용카드매출전표 등을 발급할 때는 용역 대가와 봉사료를 구분 기재해 발급해야 한다.
3. 구분 기재한 봉사료가 해당 종업원에게 지급된 사실이 확인되어야 한다.
4. 구분 기재한 봉사료가 공급가액 (간이과세자는 공급대가)의 20%를 초과하면, 봉사료 지급액에 대해 5%의 소득세를 원천징수하고 봉사료 지급 대장을 작성해야 한다.
5. 봉사료 지급 대장에는 봉사료를 받는 사람이 직접 받았다는 서명을 해야 하며, 받는 사람 본인의 서명임을 확인할 수 있도록 봉사료를 받는 사람별로 주민등록증 또는 운전면허증 등 신분증을 복사해 그 여백에 받는 사람이 자필로 성명, 주

민등록번호, 주소 등을 기재하고 서명하여 5년간 보관해야
한다.

또한, 봉사료를 받는 사람이 봉사료 지급 대장에 서명을 거부하
거나 확인서 작성 등을 거부하는 경우에는, 무통장입금영수증 등
지급 사실을 직접 확인할 수 있는 다른 증빙을 대신 첨부해야 합
니다.

이처럼 봉사료는 술값이나 음식값과 별도로 구분 기재해 영수
증 등을 발급해야 하며 귀찮다고 전체 금액을 함께 처리한다면
봉사료에 대해서도 부가가치세, 개별소비세, 소득세 등을 내게 되
는 결과를 초래할 수 있습니다.

신용카드매출세액공제로 인해
환급받는 금액이 나온다면?

신용카드매출세액공제란 부가가치세가 부과되는 재화 및 용역을 공급하고 신용카드 혹은 현금영수증들을 이용하여 발행하거나 전자적 결제수단에 의하여 대금을 받는 경우, 부가가치세 신고 · 납부 시 일정 금액을 공제받는 것을 말합니다.

세알못 – 대상은 누구인가요?

택스코디 – 주로 사업자가 아닌 자에게 재화와 용역을 공급하는 사업으로써 대통령령으로 정하는 사업을 하는 사업자를 말합니다. (개인사업자 중 공급가액 10억 이하인 사업자만)

신용카드 발행세액공제는 개인사업자 중 영수증 발행대상 업종에 해당할 때만 적용 가능합니다. 제조업의 경우에는 오프라인 매장이나 온라인 쇼핑몰 등에서 카드나 현금영수증으로 매출을 발생시켰더라도 도정업 등의 떡방앗간이나 양복·양장·양화점, 자동차 제조업 등 일부 세법에 열거된 업종의 제조업 외에는 신용카드 발행세액공제 적용이 불가능합니다.

예를 들어 음료 제조업, 일반 빵집, 제과점 등도 신용카드 발행세액공제 대상 업종이 아니므로 공제 적용 시 주의해야 합니다. 세액공제율은 다음과 같습니다.

- 일반사업장 : 2026년까지 공급대가의 1.3%, 연간 한도 1,000 만 원

한도가 있는 만큼 한도액 안에서 부가가치세 부담을 최소화하는 절세전략을 찾아야 합니다.

만약 상반기에 부가가치세 신고 시 한도액만큼 신용카드 매출전표 등 발행세액공제를 받는다면, 하반기에 부가가치세 신고 시 부가가치세 압박이 있을 수 있으므로 신용카드 매출전표 등 발행세액공제에 대해서도 한 번 더 확인하고 공제받아야 합니다.

신용카드매출세액공제로 인해 납부할 세액이 마이너스가 되는 경우(환급이 발생하는 경우)에는 그 마이너스 금액을 0으로 봅니다. 다시 말해 신용카드매출세액공제는 납부세액에서 차감하여 공제

받을 수 있는 것이므로, 납부세액이 없다면 공제 자체가 불가능합니다. 즉, 신용카드매출세액공제로 인해 환급받는 금액이 나오더라도, 환급을 받을 수 없다는 말입니다.

정리하면 의제매입세액공제나 대손세액공제에 의해서는 환급세액이 발생할 수 있으나, 신용카드매출세액공제에 대해서는 환급세액이 발생할 수 없다는 사실을 주의해야 합니다.

여기서 잠깐! 간이과세자로 사업자를 내면 부가가치세가 없다는 말을 자주 들어봤을 겁니다. 그 이유는 두 가지입니다. 먼저 앞서 말했다시피 연 매출 4,800만 원 이하인 간이과세자는 부가가치세 납부의무가 면제됩니다. 또 다른 이유는 바로 이번 장에서 말한 신용카드매출세액공제가 적용되어서인데, 다음 사례를 살펴봅시다.

간이과세자이며 업종은 전자상거래업이고, 매출 5천만 원은 모두 신용카드 매출이고, 매입은 3천만 원이라고 가정해봅시다. 간이과세자 부가가치세 계산은 다음과 같습니다.

- 부가가치세 (간이과세자) = 납부세액 (공급대가 × 업종별 부가가치율 × 10%) - 공제세액 (매입금액 × 0.5%) = (5천만 원 × 업종별 부가가치율 15% × 10%) - (3천만 원 × 0.5%) = 750,000원 -

150,000원 = 500,000원

여기서 매출 5천만 원은 신용카드 매출이므로, 다음과 같이 신용카드매출세액공제 1.3%가 적용됩니다.

신용카드 등 발행 세액공제 = 5천만 원 × 1.3% = 650,000원

따라서 최종 납부(또는 환급)해야 할 부가가치세를 계산해 보면 다음과 같습니다.

500,000원 − 650,000 = −150,000원 (음수의 금액이 발생해도 0으로 봄)

간이과세자는 환급을 받지 못하므로, 최종 부가가치세는 0원이 됩니다.

부가세 환급,
남들보다 빨리 받는 방법이 있다.

창업하면 여러 가지 초기 비용을 지출하는데 임차비용, 인테리어 · 시설 비용 등이 대표적입니다. 초기 비용 지출이 많을 때 사업자의 사업자금 융통에 도움이 될 수 있도록 냈던 세금을 조금 더 일찍 돌려주는 제도가 있는데 바로 '조기환급 제도'입니다.

부가가치세는 소비자가 물건이나 서비스값의 10%를 부담하는 소비세입니다. 사업자는 소비자가 부담한 부가가치세를 대신 받아 국세청에 전달하는 역할을 합니다. 하지만 10%에 해당하는 세금 전부를 전달하진 않습니다. 사업자도 사업자인 동시에 소비자로서 물건을 만들면서 재료를 매입하기도 하는 등 비용을 지출하기 때문에 다른 사업자에게 낸 부가가치세를 제외하고 내야 합니다.

이때 사업자가 원재료비나 원가를 부담하면서 낸 부가가치세를

'매입세액'이라고 하고, 소비자에게 판매하면서 받은 부가가치세를 '매출세액'이라고 합니다. 즉, 매출세액에서 매입세액을 빼고 남은 금액에 대해 국세청에 신고하고 세금을 내는 것입니다. 그런데 매입세액보다 매출세액이 많을 때가 있습니다. 개인사업자의 경우 부가가치세는 6개월을 기준으로 끊어 신고하고 내야 하는데 기간 동안 사업자가 준비한 물건이나 서비스가 잘 팔리지 않아 매출이 없거나 적자가 난 경우, 다시 말해 번 돈이 없어서 낼 부가가치세(매출세액)는 없는데 이것저것 지출이 많아 낸 부가가치세(매입세액)가 있는 경우에는 부가가치세를 환급받게 됩니다.

특히 갓 창업을 시작한 경우라면 사무실 인테리어 비용 등 원가에 포함되는 부가가치세 매입세액이 많은데, 이때 조기환급제도를 활용하면 신고납부기한까지 기다리지 않고 일찍 환급받을 수 있습니다.

세알못 – 그렇다면 조기환급은 누구나 받을 수 있나요?

택스코디 – 환급 조건이 좋은 만큼 모두에게 부가가치세 조기환급 기회가 주어지진 않습니다. 세법에서는 다음처럼 조기환급 대상을 제한하고 있기 때문입니다.

- 사업 설비를 신설 · 취득 · 확장하는 경우
- 영세율을 적용받는 경우
- 사업자가 재무구조개선계획을 이행 중인 경우

실무적으로는 사업 설비 신설 · 취득 · 확장 · 증축하는 경우와 영세율을 적용받는 경우가 조기환급의 주요 대상이 됩니다.

먼저 사업 설비를 신설 · 취득 · 확장하는 경우 사업 설비는 사업에 직접 사용하는 자산으로서 감가상각이 되는 걸 말하는데, 인테리어 공사 및 사무실 또는 업무용 차량 매입 내역에 대해 부가가치세 조기환급이 가능합니다.

조기환급을 받으려면 부가가치세 신고 시 '건물 등 감가상각자산 취득명세서'를 첨부해 증명해야 합니다. 단 사업에 직접 사용하는 범위 안에서만 조기환급이 가능하므로 사업운영 목적이 아니라 단순 투자목적으로 매입한 부동산은 조기환급 대상에서 제외됩니다.

사업자가 영세율을 적용받는 경우는 수출사업자가 대표적입니다. 수출품에 부과되는 부가가치세는 수입국에서 징수하는 게 원칙이기 때문에 수출품에는 부가가치세를 0%의 세율로 적용해 부과하지 않습니다. 반면 수출사업자가 제품을 만들기 위해 수입 원재료를 매입할 때 부담했거나 기타 국내에서 부담한 부가가치세는 환급 대상이 됩니다.

신고 기간 단위별로 영세율의 적용대상이 되는 과세표준이 있는 때만 환급 가능하며, 일반과세자 부가가치세 신고서에 '영세율 등 조기환급'을 신청해 증빙서류와 함께 제출하면 됩니다.

재무구조개선계획을 이행한 경우에는 조기환급기간, 예정신고기간 또는 과세기간의 종료일 현재 재무구조개선계획을 이행 중인 상황에만 조기환급을 받을 수 있습니다. 조기환급을 위해서는 신고할 때 '재무구조개선계획서'를 첨부해 신고하면 됩니다.

부가가치세 조기환급은 예정신고기간 중 또는 과세기간 최종 3개월 중 매월 또는 매년 2월에 조기환급 기간이 끝난 날부터 25일 이내에 과세표준과 환급세액을 관할 세무서장에 신고하면 됩니다. 환급 절차는 신고기한으로부터 보름 안에 진행됩니다.

부가가치세 조기환급은 제한적으로 주어지는 혜택이기 때문에 사업자가 조기환급을 신청하는 경우 국세청이 관련 증빙을 꼼꼼하게 검토합니다.

이런 조기환급신고 제도를 활용하면 창업 초기 인테리어 비용 등에 대해 부가가치세를 빨리 돌려받을 수 있는 동시에 신고 기간이 단축돼 신용카드매출세액공제 또한 놓치지 않을 수 있어 혜택이 큰 제도입니다. 다만 혜택이 큰 만큼 고정자산 매입비용에 대한 계약서 및 송금 내역 등의 증빙이 확실해야 하는 제도이므로 관련 자료를 확실히 마련해 진행해야 합니다.

부가세 납부가 힘들면,
납부기한 연장을 신청하자.

개인사업자 중 일반과세자는 1년에 2번 (간이과세자는 1년에 1번), 법인사업자는 4번 부가가치세 신고를 합니다. 납부도 한 번에 하지 않고 3개월씩 과세기간을 두고 합니다. 매출과 매입 모두 많은 사업자에게 부가가치세 납부는 버거울 때가 있습니다.

법인사업자와 개인사업자 중 일반과세사업자는 4월 25일과 7월 25일, 10월 25일과 다음 해 1월 25일까지 부가가치세 납부를 마쳐야 합니다. 한편 간이과세자는 예정부과세액 고지서까지 합쳐 1년에 최대 2번 납부를 합니다.

세알못 - 부가세 납부가 힘들면, 분납도 가능한가요?

택스코디 – 원칙적으로 부가가치세 분할납부는 사유 없이 납세자가 누릴 수 있는 선택사항이 아닙니다. 분할납부에 관한 규정이 아예 없으므로, 홈택스에서 분할납부 버튼을 아무리 찾아보아도 찾을 수 없습니다.

〈세목 별 분할납부 가능 여부〉

세목	분할납부 가능
소득세	O
종합부동산세	O
법인세	O
부가가치세	X

세알못 - 그럼 부가세 납부가 어려울 때, 좋은 방법은 없는 건가요?

택스코디 - 먼저 카드사의 무이자 할부 기능을 활용하는 것도 괜찮은 선택지입니다.

그리고 '납부기한 연장'이라는 방법이 있습니다. 분할납부와는 다르게 홈택스에서도 어렵지 않게 관련 메뉴를 직접 찾아볼 수 있습니다. 국세기본법에서 기한 연장이 가능하다고 확실히 못 박아 두었기 때문입니다. 다음과 같은 경우에는 부가가치세 납부 연장이 가능합니다.

〈부가가치세 납부 연장 사유 체크리스트〉

- 천재지변이 발생한 경우
- 화재나 전화 등으로 재해를 입거나 재산을 도난당한 경우
- 납세자 본인 또는 동거가족이 질병이나 중상해를 입고 6개월 이상의 치료가 필요하거나 사망해 상중인 경우
- 납세자가 그 사업에서 심각한 손해를 입거나, 그 사업이 중대한 위기에 처한 경우
- 심각한 프로그램의 오류, 정전 등의 사유로 대리점을 포함한 한국은행, 체신관서의 정보통신망이 정상적인 가동을 할 수 없는 상태인 경우
- 금융회사, 체신관서가 휴무이므로 정상적으로 세금을 납부하기 어려운 경우(국세청장 인정 必)
- 금융회사, 체신관서가 부득이한 사유가 있어 세금을 납부하기 힘든 상태인 경우(국세청장 인정 必)
- 권한을 가진 기관으로부터 장부 혹은 서류가 압수 또는 영치된 경우
- 장부작성을 대행하는 세무사나 공인회계사가 전화, 화재 등 재해를 입거나 도난당한 경우

위 사유 중 해당하는 것이 있을 때는 납부기한 연장신청이 가능

합니다. 첫째, '납부기한 연장승인신청서'를 제출하고, 둘째, 체납 중인 세금이 없다는 전제 조건이 지켜질 때만 가능합니다.

만약 어떤 이유로 인해 연장을 요청하는 서류가 해당 세무서로 부터 승인이 나지 않으면, 어쩔 수 없이 기한 내 모두 내야 합니다. 또 부가가치세 신고납부기한으로부터 3일 전까지 꼭 신청해야 합니다.

보통 연장 기간은 3개월을 넘지 않는 게 좋습니다. 정말 부득이하게 약속한 연장 기한을 지키지 못할 때는 관할 세무서장의 승인하에 한 달씩 재연장도 가능합니다. 하지만 이 역시도 9개월 이상은 어려우니 되도록 늦지 않게 내야 합니다.

부가가치세 더 많이 냈다면?

세알못 – 매출이 중복입력 돼 매출이 과다하게 신고되어, 부가세를 더 많이 냈습니다. 어떻게 해야 하나요?

택스코디 – 매출세액(매출에서 생긴 부가가치세)에서 매입세액(매입할 때 부담한 부가가치세)을 빼고 부가가치세를 계산해서 신고·납부하기 때문에, 사업자는 부가가치세를 신고할 때에는 매입과 매출 현황을 정확하게 파악하는 것이 중요합니다. 만약, 신고 내용에 누락이나 오류가 있어서 세금을 더 냈다면 환급을 요청하는 경정청구를 해서 돌려받을 수 있습니다.

매출 증빙이 중복입력 돼 매출이 과다하게 신고됐거나 매입자료를 누락하게 되면 부가가치세를 더 내야 합니다. 증빙 발급이안 됐거나, 있는 증빙을 잘 모아서 정리하지 못하면 이런 경우가 발생하기도 합니다.

받아야 할 공제를 놓치거나 환급을 덜 받는 경우도 부가가치세를 더 낸 경우입니다. 돌려받아야 할 것을 제대로 못 돌려받았기 때문입니다.

또 식당 사업자가 식자재 등 면세매입에 대한 의제매입세액공제를 받을 수 있지만, 증빙을 못 챙겨서 공제를 덜 받는 상황도 자주 발생합니다. 매입가액에 따라 다르지만 보통 수백에서 수천만 원의 매입이 발생한 경우 매입누락에 따른 세금 과다납부액도 상당히 클 수 있습니다. 사업자 편에서는 당연히 돌려받아야 할 돈입니다.

보통 사업자들이 한 번 정해진 방식으로 신고하면, 잘못된 것을 모르고 계속해서 같은 방식으로 신고를 하므로 경정청구는 과다납부나 부족환급의 재발을 방지할 수 있다는 점에서도 중요합니다.

경정청구는 부가가치세 법정신고기한이 지난 후 5년 이내라면 언제든지 가능합니다. 개인사업자의 경우 상반기분 부가가치세를 7월에, 하반기분 부가가치세를 다음 해 1월에 확정신고합니다. 각각 확정신고기한이 지난 후부터 5년 동안 경정청구가 가능합니다.

경정청구를 한다고 해서 국세청에서 특별한 불이익을 당하지는 않습니다. 세무조사로 보복을 당한다거나 하는 문제는 없다는 소리입니다.

하지만, 이왕이면 경정청구를 하지 않는 상황을 만드는 것이 좋습니다. 경정청구를 하려면 매입과 매출을 다시 처음부터 훑어봐야 하고, 세금신고를 새로 해야 하기 때문입니다.

경정청구는 관할 세무서에 방문해서 직접 청구서를 작성해 제출하거나 홈택스에서 작성해 제출하면 할 수 있습니다. 처음 신고된 내용과 수정된 내용이 비교될 수 있도록 청구서를 작성하고, 경정청구의 사유를 입증할 수 있는 서류와 증빙자료를 제출해야 합니다. 과세표준서나 매출과 매입처별 세금계산서 합계표도 수정해서 새로 제출해야 합니다. 이렇게 접수가 되면, 세무서에서 접수일 후 2개월 이내에 세금의 환급 여부를 결정해서 통지하게 됩니다.

만약 경정청구를 거부당하는 때는 경정청구 거부에 대한 이의신청 등 불복청구도 할 수 있습니다.

종합소득세 줄이려면,
소득공제를 알아야 한다.

종합소득세를 줄이려면 사장님이 받을 수 있는 소득공제 항목을 꼼꼼히 확인해야 합니다. 공제할 수 있는 것은 모두 빼서 최대한 과세표준을 낮추는 것이 절세의 핵심이기 때문이죠.

소득공제란 과세대상이 되는 소득 중에서 일정 금액을 공제하는 것을 뜻합니다. 세금을 매기기 전 사장님들의 소득에서 공제 가능한 금액을 제하는 겁니다.

세알못 – 그럼 소득공제 항목은 어떤 것들이 있나요?

택스코디 – 사업주 본인과 배우자, 부양가족 수에 따라 150만 원씩을 소득공제 받을 수 있습니다. 이를 인적공제라고 부릅니다.

본인뿐만 아니라 배우자와 만 60세 이상 부모님과 만 20세 이하 자녀, 만 20세 이하 만 60세 이상 형제자매와 함께 살고 있다면, 1인당 150

만 원씩을 소득금액에서 빼줍니다. 대신 배우자와 부양가족은 연간환산 소득금액 100만 원 이하 기준에 부합해야 합니다.

그리고 연 소득이 3,000만 원 이하이면서 배우자 없이 부양 자녀가 있는 여성 세대주는 50만 원을, 배우자 없이 부양 자녀가 있는 한부모는 100만 원을 공제받을 수 있습니다. 단 부녀자공제와 한부모공제 중복 적용은 불가능합니다. 다음 표를 참고합시다.

인적공제 구분	가족 구분	요건	공제금액
기본공제	본인	없음	1인당 150만 원
	배우자	연간환산 소득금액 100만 원 이하	
	직계존속	만 60세 이상, 연간환산 소득금액 100만 원 이하	
	직계비속	만 20세 이하, 연간환산 소득금액 100만 원 이하	
	형제자매	만 20세 이하 만 60세 이상, 연간환산 소득금액 100만 원 이하	
추가공제	경로자	기본공제대상자 중 만 70세 이상	100만 원
	장애인	기본공제대상자 중 장애인	200만 원
	부녀자	배우자 없이 부양 자녀가 있는 세대주, 소득금액 3,000만 원 이하	50만 원
	한부모	배우자 없이 부양 자녀가 있는 경우	100만 원

사업주가 내는 연금보험료는 납부액 전부가 소득공제 됩니다. 또 노란우산공제로 알려진 소기업·소상공인 공제부금은 사업소 득에 따라 200만 원에서 500만 원까지 공제받을 수 있습니다. 다 음 표를 참고합시다.

특별공제 구분	공제금액
연금보험료	연금보험료 납부액 전액
소기업·소상공인 공제부금	사업소득금액 4,000만 원 이하: 500만 원 사업소득금액 4,000만 원 초과~1억 원 이하: 300만 원 사업소득금액 1억 원 초과: 200만 원

노란우산공제를 활용하자.

대부분 직장인은 퇴직연금제도를 통해 퇴직 후 노후생활에 대해 준비할 수 있습니다. 그런데 사업자들은 퇴직금제도나 퇴직연금제도가 없다 보니, 노후대책이 미흡한 채로 은퇴 생활에 접어드는 경우가 많습니다. 또한, 사업에 실패해 부득이 폐업하는 안타까운 경우도 발생할 수 있습니다. 이에 대한 대안으로 중소기업중앙회에서는 '노란우산공제'라는 제도를 통해 자영업자 등 소상공인의 노후준비와 재기를 돕고 있습니다. 노란우산공제 구조는 평소에 적금 붓듯이 일정 금액을 꼬박꼬박 공제 계좌에 적립해 두었다가 폐업 시에 되돌려 받는 것이 핵심입니다.

세알못 - 적금에 가입하는 것과 크게 다를 것 없지 않나요?

택스코디 - 아닙니다. 일반 금융상품에서는 찾아볼 수 없는 노란우산공제만의 여러 가지 장점들이 있습니다.

1. 노란우산공제의 공제금은 법에 따라 압류가 금지된다.

사업자가 폐업할 때는 사업이 잘되지 않아서 폐업하는 경우가 많을 것입니다. 갚아야 할 채무가 많아 폐업 후에도 생활안정과 사업 재기에 걸림돌이 될 수 있습니다. 그런데 노란우산공제에 쌓아둔 공제금은 중소기업협동조합법에 따라 압류가 금지된 압류방지계좌(행복지킴이 통장)를 통해 안전하게 받을 수 있습니다. 만약 은행 등의 일반계좌에 쌓아두었다면 채권자로부터의 압류를 피할 수 없을 것입니다.

2. 노란우산공제 납입 시에는 소득공제 혜택을 받을 수 있어 절세에 도움이 된다.

다음 해 5월 종합소득세 신고를 할 때, 노란우산공제에 납입한 금액은 소득공제가 가능하므로 절세에 도움이 됩니다. 다만 가입자에 따라 다음과 같이 소득공제 한도가 200만 원부터 500만 원까지 다양하게 적용됩니다.

구분	사업 (또는 근로) 소득금액	최대 소득공제 한도
개인 · 법인대표	4천만 원 이하	500만 원
개인	4천만 원 초과 1억 원 이하	300만 원

법인대표	4천만 원 초과 5,675만 원 이하	300만 원
개인	1억 원 초과	200만 원

참고로 납입을 끝내고 공제금을 수령할 때에도 이자소득세나 연금소득세가 아닌 퇴직소득세를 적용해줍니다. 다른 금융상품보다도 훨씬 적은 세금만 부담한다는 장점이 있습니다.

3. 별도의 사업비 차감 없이 납입부금 전액에 연 복리이자를 적용한다.

은행의 일반적인 적금은 복리가 아닌 단리이율을 적용하며, 보험사의 연금상품은 사업비를 차감한 후에 부리(附利)하므로 납입금액의 100%가 적립되는 것은 아닙니다.

하지만 노란우산공제는 별도의 사업비를 전혀 차감하지 않고 납입금액 100%를 적립해 이자를 붙여줍니다. 또한, 단리 방식이 아닌 복리 방식으로 부리하므로 시간이 지나면 지날수록 많은 이자가 쌓이게 됩니다. 예를 들어 월 5만 원씩 5년을 납입하면, (기준이율이 2.1%라고 가정했을 때) 납입부금까지 합쳐 316만4,150원을 돌려받게 됩니다. 기준이율은 분기별로 적용됩니다.

4. 각 지방자치단체로부터 추가적인 지원을 받을 수 있다.

각 지방자치단체에서는 자영업자 등의 생활안정 및 사회안전망 확충을 위해 일부 노란우산공제 가입자에게 희망장려금을 1년간 지원합니다. 상시 종업원 수 10명 미만(광업, 제조업, 건설업, 운수업) 또는 5명 미만(그 밖의 업종)의 소상공인이 그 대상입니다. 단 지자체별로 지원금액이 다를 수 있으므로 확인이 필요합니다.

예를 들어 서울특별시의 경우 연 매출 2억 원 이하인 대상자에게 월 2만 원씩 1년간 최대 24만 원을 지원하며 대전광역시의 경우 연 매출 3억 원 이하인 대상자에게 월 3만 원씩 1년간 최대 36만 원을 지원합니다. 울산광역시는 연 매출 3억 원 이하인 대상자에게 월 1만 원씩 1년간 최대 12만 원을 지원합니다.

세알못 - 언제 돌려받을 수 있나요?

택스코디 - 법적으로 공제금을 지급받는 경우는 개인사업자 폐업, 법인사업자 폐업·해산, 가입자 사망, 법인대표의 질병과 부상으로 인한 퇴임, 만 60세 이상으로 10년 이상 부금 납부한 가입자가 지급을 청구할 때 해당합니다.

세알못 - 납입 중에 부금 액수를 바꿀 수 있나요?

택스코디 - 납부 부금 변경도 가능합니다. 증액의 경우에는 제한 없이

신청할 수 있고 감액은 공제부금을 3회 이상 납입한 이후부터 신청 가

능합니다.

종합소득세 줄이려면,
세액공제를 알아야 한다.

세액공제란 소득공제를 거친 과세표준에 종합소득세율을 적용해 나온 세액 중에서 공제항목에 해당하는 세금을 아예 빼주는 것을 말합니다. 한마디로 소득공제와 세액공제는 세금을 매기기 전 소득에서 공제하느냐, 산출된 세액에서 세금을 빼주느냐 차이입니다.

사업주가 받을 수 있는 대표적인 세액공제는 자녀세액공제입니다. 크게 기본공제대상 자녀와 출산·입양공제대상 자녀로 나눌 수 있습니다. 두 경우 모두 자녀 수에 비례해 혜택이 증가하며, 두 가지 유형에 모두 해당하면 중복 공제도 가능합니다.

기본공제대상 자녀는 종합소득이 있는 거주자의 공제대상 자녀(기본공제대상자에 해당하는 자녀로 입양자, 위탁아동 포함) 및 손자녀입니다. 2022년 귀속 소득까지만 해도 손녀와 손자는 대상에서 제외됐는데, 2023년 귀속 소득부터는 손자녀도 대상에 포함됐습니다. 2024년 시행되는 소득세 신고부터 손자녀도 포함된다는 말입니다.

만 8세 이상 만 20세 이하 자녀를 두고 있는 사장님이라면 종합소득 산출세액에서 공제받을 수 있습니다. 만 7세까지는 아동수당을 받으므로 자녀세액공제 대상에서는 제외됩니다. 기준 시기는 해당 과세기간에 해당 나이에 해당하는 날이 하루라도 있으면 공제대상자로 포함합니다.

자녀가 많을수록 혜택이 커집니다. 대상 자녀가 1명이면 연 15만 원, 2명이면 연 30만 원, 3명 이상이면 기본 연 30만 원에 3명부터 1명당 연 30만 원의 세액을 추가로 공제받을 수 있었으나, 2024년 소득부터는 공제세액이 인상됐습니다. 1명은 연 15만 원으로 변동이 없지만, 2명이면 세액공제금액이 연 35만 원(15만 원 + 20만 원), 3명 이상은 기본 연 35만 원에 3명부터 1명당 30만 원을 추가로 공제받게 됩니다.

이런 기본공제 외에 과세기간에 출산이나 입양을 한 경우에도 자녀세액공제를 받을 수 있습니다. 첫째는 30만 원, 둘째는 50만 원, 셋째 이상이면 연 70만 원을 종합소득 산출세액에서 공제받을 수 있습니다.

여기서 자녀 수를 계산할 때는 만 7세 이하인 자녀와 만 20세 초과인 자녀도 포함합니다. 가령 만 6세 자녀와 만 22세 자녀가 있는 상태에서 지난해 1명을 출산했다면, 기존 자녀 2명에 대해 기본세액공제는 0원이지만, 셋째 아이로 인해 70만 원의 출산세액공제를 받을 수 있습니다. 한편, 자녀장려금은 자녀세액공제와 중복해서 적용할 수 없는 점에 유의해야 합니다.

그리고 퇴직연금이나 연금저축에 가입하고 낸 납입액은 700만 ~900만 원 한도로 12%(또는 15%) 공제합니다. 기부한 사장님에게는 기부금의 15%를 종합소득산출세액에서 뺍니다.

매출이 적은 간편장부대상자가 복식부기로 기장·신고한다면 100만 원 한도로 20%의 세금을 줄일 수 있으니, 기장세액공제 적용도 고려해볼 만합니다. 다음 표를 참고합시다.

구분	공제내용
자녀세액공제	기본공제대상자 해당 만 8세 이상 만 20세 이하 자녀 2명까지 인당 15만 원, 3명 이상부터 인당 30만 원
출산·입양세액공제	출산이나 입양을 한 경우, 첫째는 30만 원, 둘째는 50만 원, 셋째 이상이면 연 70만 원 세액공제
연금계좌세액공제	퇴직연금·연금저축 납액입의 12%(총급여액 5,500만 원 이하는 15%)

기장세액공제	간편장부대상자가 복식부기로 기장·신고하는 경우 산출세액의 20%, 100만 원 한도
표준세액공제	특별세액공제(보험료, 의료비, 교육비, 기부금)를 신청하지 않은 사업소득자 7만 원 세액공제

세알못 - 3자녀(24세, 11세, 5세)가 있습니다. 자녀세액공제 금액은요?

택스코디 - 11세 자녀 1명만 기본세액공제 15만 원을 적용받을 수 있습니다.

세알못 - 3자녀(24세, 11세, 5세)가 있고, 2023년에 자녀 1명을 입양했습니다. 세액공제 금액은요?

택스코디 - 총금액은 85만 원(15만 원 + 70만 원)입니다. 구체적 내용은 다음과 같습니다.

- 기본공제: 11세 자녀 1명 - 15만 원
- 출산 · 입양 공제: 70만 원(넷째)

공동명의, 소득세를 줄일 수 있다.

세알못 – 여럿이서 사업을 같이하면 세금을 줄일 수 있다는 말을 들었습니다.

택스코디 – 네. 소득세를 줄일 수 있습니다.

소득세를 줄이려는 목적으로 공동 사업을 하는 경우가 있습니다. 공동사업자로 시작하면 정해진 지분비율만큼 매출이 신고됩니다. 종합소득세 세율표는 다음과 같습니다.

< 종합소득세 누진공제표 >

과세표준	세율	누진공제액
1,400만 원 이하	6%	
1,400만 원~5,000만 원 이하	15%	126만 원

5,000만 원~8,800만 원 이하	24%	576만 원
8,800만 원~1억 5천만 원 이하	35%	1,544만 원
1억 5천만 원~3억 원 이하	38%	1,994만 원
3억 원~5억 원 이하	40%	2,594만 원
5억 원~10억 원 이하	42%	3,594만 원
10억 원 초과	45%	6,594만 원

예를 들어 과세표준이 1억 4천만 원이고, 단독명의일 때와 지분 비율이 50:50 공동명의일 때, 세금이 얼마나 차이가 나는지 살펴봅시다.

• 단독명의일 때 소득세 계산

과세표준 × 세율 - 누진공제액 = 1억 4천만 원 × 35% - 1,544만 원 = 3,356만 원

• 공동명의일 때 소득세 계산

과세표준 × 세율 - 누진공제액 = 7천만 원 × 24% - 576만 원 = 1,104만 원

(공동명의이므로 2명 세금을 더하면 2,208만 원)

소득세는 인별 과세하고 누진세율을 적용하므로, 단독명의일

때보다 공동명의일 때 세금이 1,148만 원가량 줄어드는 것을 확인할 수 있습니다. 따라서 같이 사업하는 파트너인 공동사업자와 갈등 없이 사업을 지속해나갈 자신이 있다면 공동사업자로 사업을 운영하는 것이 절세에는 분명 도움이 됩니다. 단, 부가가치세는 세금의 주체가 사업장이므로 공동명의 대표자가 2명이든 3명이든, 절세와는 상관없습니다.

폐업신고를 하지 않으면?

세알못 – 폐업 후 챙겨야 할 것은 무엇인가요?

택스코디 – 크게 두 가지가 있습니다. 바로 폐업신고와 부가가치세 신고 및 납부입니다. 사업장 문을 닫았다는 폐업신고를 하고, 폐업일이 속한 달의 다음 달 25일까지 부가가치세를 신고 ·납부하면 됩니다. 예를 들어 4월에 폐업했다면 5월 25일까지 부가가치세 신고를 마치면 되고, 폐업한 사업소득과 그 외에 다른 소득이 있다면, 다음 해 5월 종합소득세 신고 시에 합산해서 신고해야 합니다.

그냥 가게 문을 닫았다고 해서 폐업을 마친 건 아닙니다. 폐업하게 되면 '폐업신고'를 꼭 해야 합니다. 폐업신고를 해야 국민건강보험공단에서 사장님의 소득 사항을 파악하고 보험료를 다시 계산하거나 직장가입자로 전환해 줄 수 있습니다. 사업자등록을 한 것처럼 등록을 해지한다는 의미의 폐업신고를 해야 법적으로 폐업이 완료되는 것입니다.

이때 세금을 부과하는 이유는 사장님이 사업을 운영하면서 매입했던 자산들이 사장님의 개인 자산으로 돌아간다고 보기 때문입니다. 쉽게 말해 원래 손님에게 판매되는 것들이 폐업 후에는 사장님에게 판매되었다고 봐서 남아있는 재고품이나 기계, 차량 같은 자산에 부가가치세를 부과하는 겁니다. 폐업했는데 부가가치세까지 내라니 속상할 수 있지만 제대로 신고하지 않으면 추후 가산세가 붙어 세금을 배로 내야 할 수도 있으니 꼭 신고하는 게 좋습니다.

국세청 홈택스를 통해 온라인으로 신고할 수 있습니다. 직접 찾아가서 신고하고 싶다면 폐업신고서에 사업자등록증을 첨부해서 관할 세무서나 세무서 민원 봉사실에 제출하면 됩니다.

만약 부가가치세 확정신고 기간 중 폐업했다면 부가가치세 확정신고서에 폐업연월일, 폐업 사유를 쓰고 사업자등록증을 첨부하면 폐업신고서를 제출한 것과 같게 처리됩니다.

세알못 – 폐업 신고하면 세금계산서 발행을 못 받나요?

택스코디 - 폐업일 이후에도 폐업일 이전 거래분에 대해서는 발급받을 수 있습니다.

세알못 - 세무사 도움 없이 홈택스에서 혼자 신고해도 될까요?

택스코디 - 폐업하기 전 매출·매입자료를 구분해서 꼼꼼히 챙겨두었다면 혼자 신고도 가능합니다. 다만 사장님 혼자 정확한 정리가 불가능하거나 급작스럽게 폐업하게 되었다면 전문가의 도움을 받는 것도 필요하겠죠.

세알못 - 폐업하고 부가가치세 신고기한을 놓치면 가산세는 얼마나 붙나요?

택스코디 - 원래 내야 할 부가가치세의 20%만큼 신고불성실가산세가 부과됩니다. 미납 일수만큼 납부불성실가산세도 부과됩니다. 신고기한을 놓쳐 기한 후 신고하더라도 이른 시일 내에 해야 가산세가 조금이라도 감면될 수 있으니 최대한 빨리 신고하는 것이 좋습니다. 기한 후 신고도 국세청 홈택스를 통해 가능합니다.

세알못 - 간이과세자도 일반과세자와 같은 절차로 신고하면 되나요?

택스코디 - 네. 간이과세자도 폐업일의 다음 달 25일까지 부가가치세를 신고하면 됩니다.

월별 사업자 세금납부 일정은
꼭 알아두자.

사장님이 매달 내야 하는 세금을 월별로 정리해봤습니다.

먼저 1월에는 전년도에 사업을 시작했다면 간이과세자는 전년도 전체 기간에 대한 부가가치세 신고를 일반과세자는 전년도 하반기에 대한 부가가치세 신고를 진행해야 합니다. 그리고 인건비를 지급한 경우에는 매달 전달 지급액에 대한 원천세 신고를 해야 하며, 사업소득자나 일용직 근로자가 있는 경우에는 지급명세서를 제출해야 합니다. 상용직 근로자가 있는 경우에는 전년도 하반기 전체 지급액에 대한 지급명세서를 제출해야 합니다. 근로자가 있는 경우 4대보험을 취득해야 하며, 퇴직 시에는 상실 신고를 해야 하며, 일용직 근로자의 경우에는 근로내용 확인신고로 이를 대신하게 됩니다.

	10일	원천징수분 법인세, 소득세, 지방소득세 납부, 4대보험료 납부
1월	15일	고용 · 산재 근로내용 확인신고(일용직)
	25일	제2기 부가가치세 확정신고
	31일	일용근로소득 지급명세서, 간이지급명세서(근로소득, 거주자의 사업소득) 제출

2월에는 면세사업자라면 전년도 매출에 대한 사업장현황신고를 진행해야 합니다. 전년도에 기타소득을 지급한 내역이 있다면 지급명세서를 제출해야 합니다. 그리고 전달과 마찬가지로 인건비 지급 시 원천세 신고와 지급명세서를 제출하며 일용직의 경우 근로내용 확인신고도 해야 합니다.

	10일	원천징수분 법인세, 소득세, 지방소득세 납부, 4대보험료 납부
	10일	면세사업자 사업장현황신고
2월	15일	고용 · 산재 근로내용 확인신고(일용직)
	28일	일용근로소득 지급명세서, 간이지급명세서(근로소득, 거주자의 사업소득) 제출
	28일	이자소득, 배당소득, 기타소득 지급명세서 제출(작년분)

3월에는 전년도 지급한 근로, 사업, 퇴직소득에 대한 지급명세서를 제출해야 하며, 건강보험, 고용산재보험 보수총액을 신고해

야 합니다. 그리고 전달과 마찬가지로 인건비 지급 시 원천세 신고와 지급명세서를 제출하며 일용직의 경우 근로내용 확인신고도 해야 합니다.

	10일	원천징수분 법인세, 소득세, 지방소득세 납부, 4대보험료 납부
	10일	근로소득, 원천징수대상 사업소득, 퇴직소득, 기타소득 등 종교인소득 지급명세서 제출
	10일	건강보험 보수총액(작년분) 신고 (건강보험관리공단)
3월	15일	고용 · 산재 근로내용확인신고(일용직)
	15일	고용, 산재 보수총액(작년분) 신고 (근로복지공단)
	31일	법인세 신고 · 납부
	31일	일용근로소득 지급명세서, 간이지급명세서(근로소득, 거주자의 사업소득) 제출

4월에는 1기분 부가가치세 예정고지 세액을 납부해야 합니다. 그리고 전달과 마찬가지로 인건비 지급 시 원천세 신고와 지급명세서를 제출하며 일용직의 경우 근로내용 확인신고도 해야 합니다.

4월	10일	원천징수분 법인세, 소득세, 지방소득세 납부, 4대보험료 납부
	15일	고용 · 산재 근로내용확인신고(일용직)
	25일	제1기 부가가치세 예정신고, 예정고지납부
	30일	일용근로소득 지급명세서, 간이지급명세서(근로소득, 거주자의 사업소득) 제출
	30일	법인세 신고 · 납부(성실신고)
	30일	법인 지방소득세 신고 · 납부

5월에는 전년도 종합소득세를 신고·납부해야 합니다. 그리고 전달과 마찬가지로 인건비 지급 시 원천세 신고와 지급명세서를 제출하며 일용직의 경우 근로내용 확인신고도 해야 합니다.

5월	10일	원천징수분 법인세, 소득세, 지방소득세 납부, 4대보험료 납부
	15일	고용 · 산재 근로내용 확인신고(일용직)
	31일	종합소득세 신고 · 납부
	31일	일용근로소득 지급명세서, 간이지급명세서(근로소득, 거주자의 사업소득) 제출
	31일	건강보험 · 국민연금 소득총액신고(개인)
	31일	사업용 계좌 변경 및 추가신고

6월에는 성실신고확인서 제출사업자의 경우에는 6월 말까지

종합소득세를 신고·납부해야 합니다. 사업용 계좌 신고대상자라면 이달 말까지 신고해야 합니다. 그리고 전달과 마찬가지로 인건비 지급 시 원천세 신고와 지급명세서를 제출하며 일용직의 경우 근로내용 확인신고도 해야 합니다.

	10일	원천징수분 법인세, 소득세, 지방소득세 납부, 4대보험료 납부
	10일	부가가치세 주사업장 총괄납부 신청/포기신고
	10일	사업자단위과세 신청/포기신고
	15일	고용·산재 근로내용 확인신고(일용직)
	30일	종합소득세 신고·납부(성실신고대상사업자)
6월	30일	사업용 계좌 신고
	30일	반기별 원천세 납부 승인신청
	30일	일용근로소득 지급명세서, 간이지급명세서(근로소득, 거주자의 사업소득) 제출
	30일	해외금융계좌신고
	30일	일감몰아주기, 일감떼어주기 증여세 신고

7월에는 1기분 부가가치세를 신고·납부해야 합니다. 상반기 근로소득 간이지급명세서를 제출하며, 전달과 마찬가지로 인건비 지급 시 원천세 신고와 지급명세서를 제출하며 일용직의 경우 근로내용 확인신고도 해야 합니다.

7월	10일	원천징수분 법인세, 소득세, 지방소득세 납부, 4대보험료 납부
	15일	고용 · 산재 근로내용 확인신고(일용직)
	25일	제1기 부가가치세 확정신고
	31일	일용근로소득 지급명세서, 간이지급명세서(근로소득, 거주자의 사업소득) 제출

8월에는 주민세 사업소분을 신고 · 납부해야 합니다. 그리고 전달과 마찬가지로 인건비 지급 시 원천세 신고와 지급명세서를 제출하며 일용직의 경우 근로내용 확인신고도 해야 합니다.

8월	10일	원천징수분 법인세, 소득세, 지방소득세 납부, 4대보험료 납부
	15일	고용 · 산재 근로내용 확인신고(일용직)
	31일	주민세 사업소분 신고 · 납부
	31일	일용근로소득 지급명세서, 간이지급명세서(근로소득, 거주자의 사업소득) 제출

9월에는 전달과 마찬가지로 인건비 지급 시 원천세 신고와 지급명세서를 제출하며 일용직의 경우 근로내용 확인신고도 해야 합니다.

	10일	원천징수분 법인세, 소득세, 지방소득세 납부, 4대보험료 납부
9월	15일	고용 · 산재 근로내용 확인신고(일용직)
	30일	일용근로소득 지급명세서, 간이지급명세서(근로소득, 거주자의 사업소득) 제출

10월에는 2기분 부가가치세 예정고지 세액을 내야 합니다. 그리고 전달과 마찬가지로 인건비 지급 시 원천세 신고와 지급명세서를 제출하며 일용직의 경우 근로내용 확인신고도 해야 합니다.

	10일	원천징수분 법인세, 소득세, 지방소득세 납부, 4대보험료 납부
10월	15일	고용 · 산재 근로내용 확인신고(일용직)
	25일	제2기 부가가치세 예정신고, 예정고지 납부
	31일	일용근로소득 지급명세서, 간이지급명세서(근로소득, 거주자의 사업소득) 제출

11월에는 종합소득세 중간예납세액을 내야 합니다. 그리고 전달과 마찬가지로 인건비 지급 시 원천세 신고와 지급명세서를 제출하며 일용직의 경우 근로내용 확인신고도 해야 합니다.

11월	10일	원천징수분 법인세, 소득세, 지방소득세 납부, 4대보험료 납부
	15일	고용 · 산재 근로내용 확인신고(일용직)
	30일	종합소득세 중간예납 신고 · 납부
	30일	일용근로소득 지급명세서, 간이지급명세서(근로소득, 거주자의 사업소득) 제출

12월에는 전달과 마찬가지로 인건비 지급 시 원천세 신고와 지급명세서를 제출하며 일용직의 경우 근로내용 확인신고도 해야합니다.

12월	10일	원천징수분 법인세, 소득세, 지방소득세 납부, 4대보험료 납부
	10일	부가가치세 주사업장 총괄납부 신청/포기신고
	10일	사업자단위과세 신청/포기신고
	15일	고용 · 산재 근로내용 확인신고(일용직)
	31일	일용근로소득 지급명세서, 간이지급명세서(근로소득, 거주자의 사업소득) 제출